流入外国人と日本
人口減少への処方箋

石川義孝 著

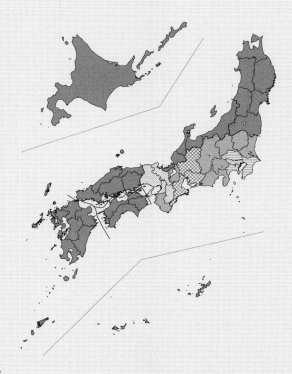

海青社

まえがき

　2017年10月31日から11月2日に、オーストリアのウィーン大学東アジア学科において、「日本の農村部再考：周辺部における自律性と他律性」というテーマの国際シンポジウムが開催された。これは、社会科学的日本研究学会（Vereinigung für Sozialwissenschaftliche Japanforschung、VSJF）が主催した会議で、2017年の年次大会で上記のテーマが選ばれた、とのことであった。

　会議には日本およびドイツ語圏をはじめとする研究者が多数参加し、各報告をめぐって活発な議論が交わされた。私は、2日目の午後に、「現状に抗する：農村部への人口移動」というセッションで「現代日本における周辺部とそこへの人口移動」という報告を行った。これは具体的には、本書の第Ⅵ章と第Ⅴ章3節にあたる内容である。私以外の2名の報告は、「農村再生策としてIターン？：島根県海士町の事例」と「日本の農村部における起業と生活経験の意味の探求」であった。前者は、ドイツのハインリッヒ・ハイネ大学のルトゲラ・レーヴェリッヒ（Ludgera Lewerich）氏による報告で、Ph.D論文の骨子とのことであった。後者は、米国のテキサス大学のジョン・トラファガン（John Traphagan）教授による報告であり、調査地域は岩手県奥州市であった。同市は私の出身地であり、発表を聞いた際にはたいへん驚いた。そのため、同日夕方にウィーン市庁舎で開かれた懇親会の席で、教授との話はおおいに盛り上がった。

　この会議を主催したVSJFが日本研究の学会であるとはいえ、日本の周辺部や農村部といった、わが国特有と思われがちなテーマに関する国際会議が、日本を遠く離れたウィーンで開かれたことに、私は感銘を受けた。日本は世界で最も高齢化が進行した国であるとともに、先進諸国では屈指の厳しい人口減少に直面している国であり、そのことに海外でも大きな関心が寄せられていることを知ったからである。日本、ドイツ、オーストリアの3か国の出生率は現在、類似した低い水準にあるが、それも今回の国際会議開催の背景の一つであったかもしれない。日本の研究者は、人口関連のいくつかの現象に関し世界の先頭

ランナーである日本の経験をグローバルな文脈で捉える視座の重要性を、念頭におく必要があろう。

　今日では、日本のマスメディアに人口減少という言葉が登場しない日はない。また、人口減が国内で深刻な地域差を示しつつ進んでいることもよく知られている。改めて言うまでもなく、人口は現代の日本を読み解くキーワードの一つである。それは人口地理学を専門とする私にとっては有難いことである一方、現今の人口関連の諸現象が抱えている深刻さを思うと、研究成果の政策的含意も積極的に発言することを求められている。本書ではそうした視座を重視することを心掛けている。とりわけ、厳しい人口減少が始まり、今後次第に減少幅が拡大していく状況を念頭に置くと、外国人の受け入れが不可避の重要な方向として検討される必要がある。これは、21世紀の日本にとって最大級の政策課題と言わざるをえない。

　本書の書名『流入外国人と日本──人口減少への処方箋──』は、以上のような問題意識から選ばれている。「あとがき」に書いたように、本書は近年発表した拙論をまとめた論文集という性格の著作であり、多くの読者に関心を持っていただくことを希望している。

2018年1月20日

著　者

流入外国人と日本

人口減少への処方箋

目　　次

目　　次

まえがき 1

第Ⅰ章　現代日本における性比不均衡と国際結婚 11
　1　はじめに 11
　2　国際結婚の推移 13
　　　（1）件　　数 13
　　　（2）外国人配偶者の国籍 14
　3　都道府県単位でみた性比不均衡と国際結婚 15
　4　性比不均衡の市区町村別考察 21
　5　小　　括 25

第Ⅱ章　国際結婚の仲介業者の役割 27
　1　はじめに 27
　　　（1）問題の所在 27
　　　（2）国際結婚研究の意義 28
　2　仲介業者の特定 30
　3　仲介業者への聞き取り調査 34
　　　（1）開始年 36
　　　（2）開始の理由 36
　　　（3）業務状況 37
　　　（4）国際結婚の理由 37
　　　（5）日本人顧客の空間的範囲 38
　　　（6）配偶者ビザの取得 39
　　　（7）業者の評判 40
　4　業者婚の比率の推定 41
　5　小　　括 45

第Ⅲ章　日本の人口流動に対する経済危機のインパクト 47
　1　はじめに 47
　2　経済的背景 50
　3　人口流動 52

（1）日本人の国内人口移動 52

（2）外国人と日本人の国際観光フロー 54

4　日本における外国人労働者 59

（1）外国人労働者の特定 59

（2）失職した外国人労働者への支援プログラム 61

5　小　　　括 65

第Ⅳ章　日本の国際人口移動

——人口減少問題の解決策となりうるか？—— 67

1　はじめに 67

2　日本の国際人口移動の推移 68

3　人口減少の地域差と外国人の流入 71

4　外国人の新規流入の動向 75

（1）データ 76

（2）エスニシティによる差異 77

（3）教育水準による差異 78

（4）世帯主との続き柄による差異 79

5　国際結婚による流入 81

6　高度人材導入の優遇制度 84

7　小　　　括 88

第Ⅴ章　流入外国人の地方圏への政策的誘導

——新しい在留資格「地方創生」の提案—— 91

1　はじめに 91

2　海外における地方圏への移民の誘導政策 92

（1）オーストラリアの事例 93

（2）カナダの事例 95

（3）オーストラリアとカナダの相違点 98

3　日本の地方圏への外国人の政策的誘導 99

（1）誘導政策の対象地域 100

（2）地方圏における外国人労働力の需要 103

（3）新しい在留資格「地方創生」の提案 108

（4）国および地方の担当組織 112

（5）外国人住民に対する地元の定住支援 115

（6）国としての法整備の重要性 116

4　小　　括 117

第Ⅵ章　日本の国内引退移動再考 119

1　はじめに 119

2　効果指数からみた移動の方向性 121

3　研究方法 123

4　都道府県別の検討 128

5　市町村別の検討 133

6　聞き取り調査の結果 141

7　小　　括 144

文　　献 147

あとがき 165

索　　引 169

図 表 目 次

第Ⅰ章　現代日本における性比不均衡と国際結婚

図Ⅰ-1　国際結婚の件数の推移 13

図Ⅰ-2　国際結婚の外国人配偶者の国籍 15

図Ⅰ-3　都道府県別の国際結婚件数(2000年) 17

図Ⅰ-4　男女別・年齢階級別の有配偶率(2000年) 19

図Ⅰ-5　都道府県別にみた性比と国際結婚の割合の関係(2000年) 20

図Ⅰ-6　市区町村別の性比(2000年) 23

第Ⅱ章　国際結婚に対する仲介業者の役割

図Ⅱ-1　仲介業者の分布(2007年) 31

図Ⅱ-2　登録外国人の分布(2006年) 32

図Ⅱ-3　業者が仲介した結婚の外国人配偶者の国籍(2007年) 33

表Ⅱ-1　聞き取り調査の対象業者 34

図Ⅱ-4　聞き取り調査を行った業者の所在地 35

表Ⅱ-2　日本人男性と外国人女性の国際結婚の6類型 42

第Ⅲ章　日本の人口流動に対する経済危機のインパクト

図Ⅲ-1　月別の失業率と有効求人倍率(2008〜2010年) 51

図Ⅲ-2　月別の新設住宅着工戸数(2008〜2010年) 51

図Ⅲ-3　三大都市圏の純移動の推移(1970〜2010年) 53

図Ⅲ-4　月別の訪日外国人数と出国日本人数(2008〜2010年) 55

表Ⅲ-1　国籍別・目的別訪日外国人数(2007〜2010年) 58

表Ⅲ-2　国籍別の登録外国人数(2007〜2010年) 61

図Ⅲ-5　月別のブラジル人とペルー人の出入国数(2008〜2010年) 64

第Ⅳ章　日本の国際人口移動

図Ⅳ-1　海外在留日本人と日本在留外国人の推移(1975〜2015年) 69

表 IV-1	全国および都道府県の人口の推移（1975 ～ 2015 年）........................72
図 IV-2	日本人と外国人の増減数（2013 ～ 2016 年）........................74
表 IV-2	新規流入者のエスニシティ別の目的地選択........................77
表 IV-3	新規流入者のエスニシティ別・教育水準別の目的地選択........................79
表 IV-4	世帯主との続き柄別にみた女性新規流入者数........................80
図 IV-3	留学生による博士号の学位取得者数（2005 ～ 2015 年）........................87

第 V 章　流入外国人の地方圏への政策的誘導

図 V-1	SSRM 計画による受け入れ移民の州・準州別推移........................94
図 V-2	移民・難民の州・準州別残留率........................97
表 V-1	日本人・外国人の地方別比率（2017 年 1 月 1 日現在）........................101
図 V-3	外国人の誘導政策の対象となる 6 地方の位置........................102
表 V-2	外国人の在留資格の地方別比率（2016 年 12 月現在）........................104, 105

第 VI 章　日本の国内引退移動再考

表 VI-1	人口移動効果指数........................123
図 VI-1	移動率に関わる 4 成分........................124
図 VI-2	モデル人口移動スケジュール........................125
図 VI-3	全国の移動スケジュール........................126
図 VI-4	北海道の純移動スケジュール........................129
図 VI-5	東京の純移動スケジュール........................129
図 VI-6	愛知の純移動スケジュール........................129
図 VI-7	大阪の純移動スケジュール........................130
図 VI-8	山口の純移動スケジュール........................130
図 VI-9	鹿児島の純移動スケジュール........................130
表 VI-2	47 都道府県の 60 ～ 64 歳階級人口の純移動率........................132
図 VI-10	北海道鹿部町の純移動スケジュール........................135
図 VI-11	千葉県いすみ市の純移動スケジュール........................135
図 VI-12	山梨県北杜市の純移動スケジュール........................135
図 VI-13	和歌山県古座川町の純移動スケジュール........................136

図VI-14　山口県周防大島町の純移動スケジュール 136

図VI-15　鹿児島県霧島市の純移動スケジュール 136

図VI-16　全国市町村の 60 〜 64 歳の純移動率 137

表VI-3　60 〜 64 歳人口の純移動率の上位 50 市町村 138

表VI-4　純移動率上位 50 市町村の県内・県間移動別の比重 139

第Ⅰ章　現代日本における性比不均衡と国際結婚

1　はじめに

　グローバル化の進展は、国境を越える人の動きをきわめて活発にしている。航空交通の発達や航空運賃の低廉化も、その動きを促した背景として重要である。国境を越える人の動きの理由や背景は多岐にわたるが、このトピックの俯瞰としては、例えば、カースルズ・ミラー（1996）やOECD（2005）などの既往文献が参考になる。国際結婚による国際移動は、国境を越える人の動きの一形態であり、かつ、近年その重要性が増しているにもかかわらず、既往文献ではさほど注目が払われてこなかったように思われる。

　わが国を舞台とした国際結婚に関しても、後述のように、増加傾向が著しかった。これを受け、国際結婚に関する文献も増えつつある。石井（1995: 83）によれば、国際結婚カップルが抱える問題は、「目に見える法律問題」と「目に見えない差別問題」に二分される。国際結婚に関する先行文献には、国際結婚に関係する法律的手続きの解説を中心とする文献（例えば、榎本 2004; 国際結婚を考える会 2005）や、国際結婚の多様な実態の紹介や問題点の指摘に力点を置いた文献（例えば、日暮 1989; 佐藤 1989; 桑山 1995; 斉藤・根本 1998）が目立つが、これは、上述した2つの問題に起因していよう。

　国際結婚は、「日本人の配偶者等」という在留資格の取得を通じ外国人の定住につながる重要な道であるし、ホスト社会への同化の度合いを示す重要な指標でもある（小島 1992）。さらに、日本の総人口は 2009 年から減少が始まった。人口減少への処方箋は、例えば、労働力人口の減少や既存インフラの再編という点を中心に論じられている（松谷 2004; 大西 2004）が、外国人の定住化という観点から人口減少社会に対する潜在的貢献を考察することも重要である。

　本章の目的は、現代日本における国際結婚急増をめぐる地理的側面の検討に

ある。わが国の地理学分野では、光岡(1989, 1996)が農山村における後継ぎ男性の結婚難に早くから注目し、この問題の解決策としての国際結婚の進展に注目してきた。これを受け、石川(2003)は結婚難をシェーンのS測度を用いて都道府県別に特定し、東日本、特に東京圏での男子結婚難が深刻であることを述べるとともに、市区町村ごとの未婚率という指標から検討すると、山村部における男子人口の未婚率が概して高いことを明らかにした。本章は、この前稿の続編というべき性格のものであり、男子人口の結婚難の一解決策としての国際結婚を、男女別人口のアンバランス、すなわち性比不均衡の空間的側面から考察する。

　なお、Liaw and Ishikawa (2008)は、2000年の国勢調査の個票データのサンプルを用いて、1995〜2000年においてわが国に流入した外国人による目的地選択を分析しているが、国際結婚という要因が、労働市場関連の経済的要因と同一民族人口の集積という二要因に次ぐ重要度を持っていることを明らかにしている。これら以外に、落合ほか(2007)は、日本への外国人流入者の女性化という観点から、都道府県単位での国際結婚、さらには国際離婚の地域差に論及し、わが国全体としては、世帯主の配偶者との外国人女性の国際結婚が多いが、直系家族の卓越する東北地方では、世帯主の息子の配偶者との外国人女性の国際結婚が目立つという、興味深い知見を得ている。

　なお、国際結婚の一要因として性比の不均衡を想定する見解自体は、新しいものではない。例えば、光岡(1989: 25)、松下(1994)、桑山(1995: 17)、竹下(2000: 122-124)などにこうした視点が既に打ち出されているからである。しかし、既往文献では、この視点の一般的な有効性へ言及、あるいは、特定の地域における具体的事例への言及という形にとどまっていることが多く、国際結婚の潜在的な要因としての性比不均衡という視点の有効性を、わが国全体について広く確認するという作業はなされていない。本章は、この作業を都道府県および市区町村という空間的スケールで検討し、性比不均衡と国際結婚の関係に関する理解を深めることを目的とする。

　本章の章節構成は、以下のとおりである。2節で国際結婚の件数や外国人配偶者の国籍の推移について述べ、3節で国際結婚の要因としての性比不均衡を都道府県単位で検討する。次いで、4節では市町村という空間スケールでの考

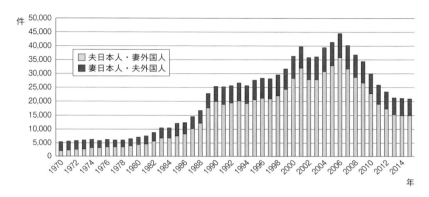

図 I-1　国際結婚の件数の推移

（資料：『人口動態統計』）

察を行い、最後の5節で結論を述べたい。

2　国際結婚の推移

ここでいう国際結婚とは、夫婦の一方が日本人でその配偶者が外国人のケースである。現代日本における国際結婚の状況は、『人口動態統計』から判明する。まず、この資料に基づいて、わが国における国際結婚の概観を行っておきたい。

(1) 件　数

図 I-1 は、1970年以降における国際結婚の件数を、夫婦のいずれが外国人の種別ごとに示したものである。同図によれば、国際結婚の件数は、1970年代には5〜7千件と安定していたが、これを外国人の性別でみると、1970年には夫外国人のカップルが国際結婚カップルの半数以上を占めていた。外国人の流入が急増した1980年代後半に、国際結婚は急速に増えることになった。その後も増加の勢いは止まらず、2006年には44,701件のピークに達した。この年には、わが国で届け出のあった結婚総数の6.1％に及んだ。国際結婚の中心を占めるのは、1980年代以降、妻外国人のカップルである。ちなみに、最新の2015年における国際結婚件数20,976件のうち、後者が70.6％を占めている。つまり、現代日本における国際結婚急増は、妻外国人と夫日本人というカップ

ルの急増が原因となっていることが理解されよう。

　なお、図Ⅰ-1によれば、2001年に急増し2002年に低下している。これは、2001年に主に中国人との国際結婚が増えたからであるが、その中には偽装結婚も含まれていた。これに気づいた入国管理局が審査を厳格化した結果、その翌年には結婚移動が減少することになった（後述する第Ⅱ章における仲介業者MA-6の説明による）。

　さらに、図Ⅰ-1に明らかなように、2007年からは国際結婚件数が減少傾向にある。国際結婚の件数は、1980年代から2006年（44,701件）までほぼ一貫して増加してきた。しかし、2007年からは減少に転じ、2015年には、ピーク時の46.9％にあたる20,976件にまで減少している。この減少に関し、Takeshita（2016）は、法務省が2006年から歌手やダンサーなどに対する在留資格「興行」の発給を厳格化したこと、警察庁が2007年から偽装結婚を斡旋する悪質な国際結婚仲介業者の摘発を強化したこと、近年におけるアジア諸国の経済成長や日本における2008年以降の不況、の3つを原因として挙げている。これらのうち、警察庁による摘発の強化は、悪質な国際結婚業者を排除する有効な措置と考えられる。

(2) 外国人配偶者の国籍

　図Ⅰ-2は、同じく『人口動態統計』に記載のある8つの国籍別（中国、韓国・朝鮮、フィリピン、タイ、ブラジル、ペルー、米国、イギリス）の、1992年以降における国際結婚件数を外国人の国籍別に示したものである（なお、91年以前は、具体的に判明する国籍が韓国・朝鮮、中国、米国しかなかった）。図に明らかなように、国際結婚カップルの外国人の主要な3国籍は、韓国・朝鮮、中国、フィリピンである。1992年時点では韓国・朝鮮が最多であったが、2006年までは、中国とフィリピンの増加が顕著である。ほかにタイ国籍の人との結婚も一定数見られる。2015年時点で、国際結婚の総件数の69.2％が中国、韓国・朝鮮、フィリピン、タイといったアジア出身の外国人とのカップルによって占められている。これら以外に、『人口動態統計』から国籍の判明しない、アジア諸国出身の女性との結婚カップルも、一定数存在すると考えられている。

　なお、ブラジルは図Ⅰ-2で2006年に1.3％を占めるに過ぎない。同年における同国籍人口はわが国の外国人人口の15.0％であるのに比べ、国際結婚のシェ

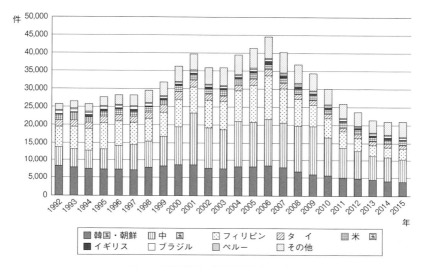

図Ⅰ-2　国際結婚の外国人配偶者の国籍

（資料：『人口動態統計』）

アが著しく小さい。これは、ブラジル人が、日本での活動に制限のない、「定住者」という在留資格を持っており、日本国内での就労のために国際結婚に頼る必要がないからである。

　図Ⅰ-1と図Ⅰ-2が示す内容を要約すれば、現代日本における国際結婚の大多数は、日本人の夫とアジアから来日した妻からなるカップルであることがわかる。

3　都道府県単位でみた性比不均衡と国際結婚

　ところで、わが国における国際結婚に関して、Sellek（2001：187）は、農村部と都市部という地域的な2類型を設け、各類型において国際結婚を生む背景や理由を考察したうえで、以下のように述べている。すなわち、農村部におけるアジア人花嫁の現象を都市部における国際結婚の現象と比較すると、後者は、日本人男性と結婚しようとする「花嫁」の不足とみられがちである一方、前者は、家系を維持するために出産を担い、高齢の両親を介護し、農家の維持を助

ける女性の不足に悩む「再生産システム」の危機への反応としてのみ議論される傾向がある。

わが国の国際結婚を理解する上で、農村部・都市部での状況の違いについてのこのような認識が有用であることは言うまでもない。しかし、こうした類型の提示からさらに進んで、わが国全体を視野に入れて、性比不均衡と国際結婚の関係をめぐる地域差を綿密に確認する作業も必要である。

さて、『人口動態統計』には、国際結婚をしている夫婦のいずれが外国人であるのか、あるいはその国籍と並んで、国際結婚の届け出のあった都道府県のデータも掲載されている。今、このデータから国際結婚の都道府県別分布を地図化したのが、図 I-3 である。ただし、以下で性比との関係を検討するために、ここでは 2000 年のデータを用いる。この年は、図 I-1 と図 I-2 をみると、わが国における国際結婚の急増期に位置づけられ、日本において国際結婚がなぜ増えたのかの考察にふさわしい年次と言える。

同図によれば、国際結婚は人口規模の大きな都道府県で多く見られ、国際結婚の件数と人口規模にはかなり高い相関関係がある（相関係数 0.92）。すなわち、三大都市圏を構成する 11 都府県（埼玉・千葉・東京・神奈川・岐阜・愛知・三重・京都・大阪・兵庫・奈良）だけで、全国のほぼ 3 分の 2 に相当する 67.4 ％の国際結婚が報告されている。この意味で、少なくとも絶対数という点では、国際結婚はわが国の大都市圏で広く進行している、と言える。しかし、三大都市圏の内部での違いもあり、東京圏の 1 都 3 県だけで全国の 43.6 ％を占めており、国際結婚の東京圏集中が著しい。一方、図 I-3 をみる限り、三大都市圏以外の道県では、国際結婚の件数が一般的にかなり少ない。しかし、三大都市圏以外での国際結婚の件数は、北海道・東北・北陸といった東日本で、中国・四国・九州といった西日本よりやや多いという傾向を見て取れる。

こうした空間的パターンは、国際結婚を生む背景の違いによってもたらされていると考えられる。竹下（2000: 119-126）は、国際結婚の動機と発生の社会的諸要因として、内婚の規範性の弱体化、人口の男女比の不均衡（すなわち性比不均衡）、異人種・異民族への魅力、物理的・社会的近接、の 4 つが重要であると指摘している。このうちの、物理的・社会的近接という要因は、具体的には、日本人が商用・留学・その他の目的で海外に赴き、その地で外国人と結ば

3　都道府県単位でみた性比不均衡と国際結婚　　17

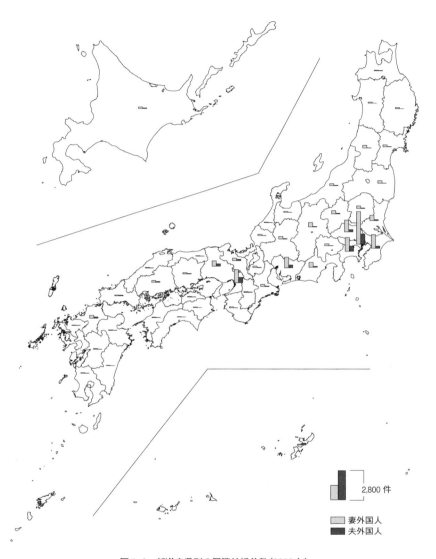

図 I-3　都道府県別の国際結婚件数（2000 年）

（資料：『人口動態統計』）

れ、一緒に日本に帰国して生活するケースや、留学や仕事のために来日した外国人が日本人と結婚し、そのまま日本で居住するケースなど、将来の配偶者と近接する機会が増大していることを指している。三大都市圏、とりわけ東京圏における国際結婚の集中が、性比不均衡という要因以外に、日本人・外国人人口が集中し、物理的・社会的近接という要因が顕著に作用した結果と考えられる。

　国際結婚を生む背景や要因の多様性はあるにせよ、本章ではとりあえず、その一因としての性比の不均衡の具体的意義に焦点をあてたい。なお、東北6県やこれを新潟を加えた範囲における国際結婚の浸透が、未婚人口の著しい男女別のアンバランス、すなわち性比の不均衡に起因する男子人口の結婚難によって引き起こされていることに関しては、多くの報告がある（例えば、佐藤 1989;日暮 1989;桑山 1995;光岡 1996;中澤 1999）。

　性比の不均衡が原因となって国際結婚という結果を生むという因果関係は、少なくとも都道府県という空間的スケールで、はっきりと確認されるのであろうか。なお、ここで言う性比は、通常の定義と同様に、女子人口100人に対する男子人口の数（人）をさしている。性比と国際結婚の、上述したような因果関係をより厳密に取り出そうとすれば、対象の人口を未婚者とそれ以外に分割し、未婚者だけから算出した性比に著しいアンバランスがあれば、それが原因となって、国際結婚という結果を生むという因果関係を想定すればいい。このような作業には、男女別・年齢階級別・配偶関係別のクロスデータが不可欠である。こうしたデータは、幸い、都道府県と人口20万人以上の市に関して、『国勢調査報告』から入手可能である。

　ただし、未婚者のみの性比を算出する際、何歳から何歳までの年齢階級を取りだせばいいのか、注意を要する。この点を検討するため、図I-4に全国の15歳以上の男女別有配偶率を掲げた。同図によれば、50～54歳で有配偶率が男子82.2％、女82.4％とほぼ拮抗するが、これ以前の年齢階級では女子の、これ以降では男子の有配偶率がまさっている。本章で問題としているのは、男子人口の数が女子人口の数を大きく上回るという性比不均衡なので、50～54歳階級より若く、かつ男女間での有配偶率が大きく異なる年齢階級を取り出せばいいことになる。これに該当するのは、図によると、25～29歳、30～34歳、

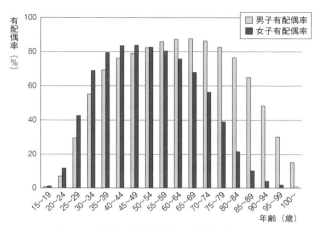

図 I-4　男女別・年齢階級別の有配偶率(2000年)

(資料:『国勢調査報告』)

35〜39歳の3つの年齢階級である。

そこでまず、25〜39歳人口に関して、未婚者のみの性比を都道府県別に求めた。これと、『人口動態統計』に記載されている、都道府県別の婚姻総数に占める国際結婚の割合(%)を求め、両者の関係を検討した(図 I-5)。国際結婚を図 I-3のように絶対数ではなく比率で求めているのは、絶対数を用いた回帰分析が、大きな観測値を持つ少数のケースに影響されてしまうという問題を回避するためである。25〜39歳の未婚者に関する性比をx、国際結婚の割合をyとする回帰分析の結果は、$y=-5.935+0.064x$であり、決定係数は0.39であった。図 I-5における直線は、この回帰式である。

この決定係数自体はさして高くないので、若年人口の未婚者の性比の高さが、国際結婚の高い比率を生むという因果関係がわが国全体としては必ずしも明瞭ではないと判断せざるをえない。しかしながら、この説明率の低さは、都道府県の間に、両変数の関係に差があることに起因しているからである。すなわち、図 I-5は、わが国における未婚者の性比不均衡と国際結婚の関係について、おおむね次の3つのグループがあることを示している。

第1のグループは三大都市圏に属する都府県であり、図 I-5の散布図で回帰直線のほぼ左上に位置している。これは、未婚人口の性比不均衡のみから予想

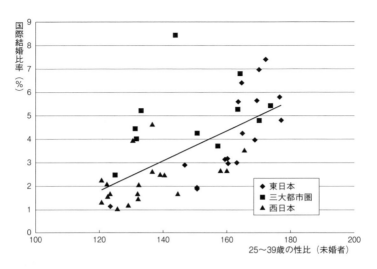

図 I-5　都道府県別にみた性比と国際結婚の割合の関係（2000年）

注）図中の「三大都市圏」は埼玉・千葉・東京・神奈川・岐阜・愛知・三重・京都・大阪・兵庫・奈良の11都府県、「東日本」は福井・長野・静岡以東の17道県、「西日本」は、滋賀・和歌山以西の19県をさす。

（資料：『国勢調査報告』および『人口動態統計』）

される水準以上の国際結婚比率がみられること、別言すれば、観察された国際結婚比率が、未婚人口の性比不均衡以外の原因も作用している可能性を暗示する。とりわけ、東京都（$x = 143.9$、$y = 8.43$）は、図 I-5 において、三大都市圏内の他の都府県から離れた、かなり上の位置を占めている。これは、東京の国際結婚の多さが、国際結婚誕生を促す理由の豊富さに起因していることを示唆していよう。

　第2のグループは、x が145以上の値を持ち、回帰直線をまたぐように広がっている、中部以東の東日本の非三大都市圏の諸県である。これらの諸県は、図中に示した47都道府県全体の回帰直線より傾きの大きな、右上がりの直線状の分布を示しているため、未婚者の性比不均衡が国際結婚を促している、という因果関係が比較的明瞭に妥当している、と考えていい。東北6県と新潟も、このグループに属している。これら7県の x の値は、宮城の146.9から山形の172.3の範囲、y の値は青森の1.88から山形の7.41の範囲にある。

第3のグループは、図Ⅰ-5の散布図の左下に集中する中国・四国・九州の諸県である。このグループに属する大多数の県のxの値は145以下、yの値は2.7以下である。こうした西日本の諸県では、男子の未婚者数が女子の未婚者数をしのいでおり、その意味で性比の不均衡が確かに認められるものの、不均衡の程度が小さいために、それが国際結婚を促す強い要因とはなっていないことを意味している。ただし、例外的に、米軍基地の存在によって国際結婚の割合が高い沖縄（$x = 136.6$、$y = 4.65$）のみ、この集団から抜け出た位置を占めている点は、留意の必要がある。

図Ⅰ-5の散布図から確認された以上3つのグループは、わが国における性比不均衡と国際結婚の関係に関する地域類型ともみなしうるであろう。

4　性比不均衡の市区町村別考察

前節では、都道府県単位で、未婚者の性比不均衡と国際結婚の関係に考察を加えた。さて、現代日本における国際結婚（特に夫日本人、妻外国人というカップル）増加の有力な要因として性比不均衡を考えた場合、都道府県単位の考察に甘んじるのはあまり賢明でない。性別の選好による生み分けがない場合の出生性比は104から107程度（松村 2002: 401）なので、観察される性比がこの数値から大きくずれるという事態は、結婚を意識する年齢に成長するまでに、死亡による男子人口の減少が少ないこと、あるいは、どちらか一方の性（女子の可能性が大きい）の人口のかなり高い割合が、出生地から移動することによって引き起こされるからである。後者の場合、有力な移動先が、様々な機会に恵まれた県庁所在都市のような、出生地と同一の都道府県内に位置している可能性も十分に考えられる。つまり、若年人口の性比は、特定の都道府県の内部で大きな地域差を示すことが想定される。この状況では、性比を都道府県よりさらに下位の空間的スケールで求める必要がある。

国際結婚の有力な原因として性比不均衡を考える場合、前述したように、性比は可婚年齢の未婚人口に限定する必要がある。しかしながら、都道府県より下位の空間スケールである市区町村単位では、男女別・年齢階級別・配偶関係別のクロスデータが『国勢調査報告』から入手しえない。さらに、国際結婚の

データも、『人口動態統計』では市区町村単位では入手しえない。この限界の
ため、市区町村単位では、未婚者の性比不均衡を原因、国際結婚を結果とする
因果分析はできないのである。つまり、都道府県より下位の市区町村という空
間的スケールでは、より細かい空間単位のデータを分析しうるというメリット
の代価として、厳密な因果関係の分析は断念せざるをえない。

　そのため、2000年の『国勢調査報告』に記載されている、市区町村別の男女
別・年齢階級別人口のデータから、性比の空間的パターンに検討を加えたい。
いうまでもないが、このデータは、配偶関係を問わない、つまりすべての配偶
関係に関するデータであり、未婚者・有配偶者・離別者・死別者の４つのカテ
ゴリーが含まれている。なお、ここで算出する性比は、前節と同様、25〜39
歳である。この中には、有配偶者も含まれているので、性比は未婚者だけを取
りだして算出する場合よりも、一般的に言って、100に近い、つまり均衡に近
い数値に低下する傾向が強い。結婚は一対一の男女の組み合わせで実現するの
で、結婚後は性比の不均衡が一気に是正される可能性が大きいからである（中
川 2001）。とはいえ、100を超えれば超えるほど、その数値は性比不均衡が大
きく、それだけ国際結婚への傾斜が潜在的に強くなっている、と理解すること
は許されよう。

　図 I-6 は、こうして求めた、25〜39歳人口の性比を全国の3,368市区町村ご
との性比（女子人口100人に対する男子人口）を地図化したものである。ここでの
主たる関心は、性比が100から大きくずれている市区町村、とりわけ男子の結
婚難を意味する100を大きく超えている市区町村の分布である。そのため、図
I-6における性比の階級区分に際しては、115以上および105〜115という上
位の二階級に焦点をあてたい。なお、性比105以上を示す市区町村で男子人口
が女子人口を凌駕している具体的理由は、多様である。可婚年齢までに女子人
口が流出した事例が最も多いと推察されるが、製造業をはじめ、男子中心の若
年労働力の雇用機会に恵まれている事例、やや特殊ケースながら、自衛隊の駐
屯地を抱える事例など、様々な理由が考えられる。しかしながら、ここでの主
たる関心事はこうした理由の特定ではなく、性比が105を超えるような市区町
村の空間的分布である。

　図 I-6 からは、多くの興味深い点を読み取ることが可能だが、ここではとり

4　性比不均衡の市区町村別考察

図 I-6　市区町村別の性比 (2000年)

(資料:『国勢調査報告』)

＜95％
95％～105％
105％～115％
115％＜

あえず、以下の6点を指摘したい。

第1に、全国を東日本と西日本に二分すると、中部地方以東の東日本で性比が高く、一方近畿地方以西の西日本で低いという一般的パターンを観察しうる（特に、山口県と九州七県では95以下の性比を持つ市町村が多い）。つまり、東日本で男性人口の優勢を、西日本で女性人口の優勢を確認できる。これは、前節での考察や、筆者によるシェーンのS尺度による結婚難の地域差の分析結果（石川2003）と合致する知見である。

第2に、主要大都市圏に眼を向けると、東京圏・名古屋圏のみ性比が高いことが注目される。特に神奈川県下や愛知県中央部では、性比が115を越す自治体が珍しくない。東京圏の性比の高さは、同圏に集中する高次機能が主に男子労働力によって担われていること（禾1997）や、名古屋圏の高さは、自動車産業を中心とする製造業が活発であることも反映していよう。しかし、京阪神圏をはじめ、これら両圏以外では、性比が105以下の市区町村が卓越しており、特に札幌圏や広島圏ではその傾向が強い。進学・就職・結婚などによる女子人口の一定の転入が、性比の均衡に貢献していると推察される。

第3に、都道府県の内部における性比の差異も顕著である。概して、県庁所在都市やその周辺では性比が低く、それ以外の、とりわけ中山間地の市町村では性比が高いという傾向をかなり明確に読み取れる。県庁所在都市やその周辺部では、県内の他地域から、一定数の女子人口を引きつけ、それが性比の均衡につながっていることを示唆している。男子に比較して、女子は、都道府県間移動の割合が低く、都道府県内移動の割合が高い（Liaw 2003）ので、県庁所在都市が有力な移動先となっていることが想定される。

第4に、中山間地に位置する市町村では105以上の性比が圧倒的に多く、115以上の性比を持つ事例さえ珍しくない。北から順に、天塩山地、日高山脈、北上高地、朝日山地、飯豊山地、越後山脈、関東山地、飛騨高地、赤石山脈、紀伊山地、中国山地、四国山地、九州山地などに、これに該当する自治体が少なくない。これは、石川（2003）で明らかにした男子人口の高い未婚率を示す自治体の分布と、よく対応している。

第5に、直系家族という家族形成規範が強いうえ、農家の男子後継ぎの結婚難が深刻で、外国人女性との国際結婚が多いことで有名な東北について見ると、

青森 93.9、盛岡 97.3、仙台 100.3、秋田 95.5、山形 99.6、福島 100.1 と、6 つの
県庁所在都市では、93 ～ 100 程度を示す。一方、県庁所在都市やその郊外市町
村を除く中小都市や農山村では、105 以上の性比が目立つが、そうした自治体
が圧倒的に広く分布するという訳ではない。

　第 6 に、農村部における男子人口の結婚難から、わが国で早くから国際
結婚の進展した自治体として知られてきた山形県や新潟県の事例（光岡 1996：
126-127）に目を向けると、例えば、山形県の朝日村 109.3、大蔵村 101.0、新潟
県六日町 103.1、塩沢町 100.4 となっている。つまり、既往文献で、国際結婚
の先進地として著名な以上の自治体で、必ずしも性比が 100 を大きく超えてい
るとは言えない。これは、いま論じている性比の中に、国際結婚の結果有配偶
者になった人口も少なからず含まれているはずであり、それが性比を押し下げ
ているためであろう。

5　小　　括

　以上、本章では、1980 年代からわが国で急増していた国際結婚に焦点をあて、
それを促している有力な原因である性比不均衡の問題を、都道府県別および市
区町村別に検討してきた。主たる知見は、都道府県単位でみると、三大都市圏、
それ以外の東日本の道県、および西日本の諸県、という 3 つの地域類型を見い
だしたこと、および、市区町村別にみると、都道府県内部での性比の変動も無
視できないほど大きい点を明らかにしたこと、であろう。

　最後に、残された課題についても言及しておきたい。性比の不均衡が国際結
婚の有力な原因となるという見解を説得的に実証するためには、義務教育終了
時の年齢から結婚を意識する年齢に至るまでに、女子人口が、何歳の年齢の時
に、どこに移動を行うのかを、精確に見極める作業が必要である。わが国を対
象にした、結婚を事由とする国内移動に関する既往研究の成果がいくつかあ
る（例えば、中川 2001）が、本章ではそれらの成果を積極的に取り込むまでには
至っていない。

　本章においては県内の市町村間における性比の大きな格差の存在が確認され
たが、これは、県内移動をめぐる男女別の差異から規定されている可能性が大

きいことを示唆している。この点も含め、国際結婚の原因としての性比不均衡の地域差を詳しく解明するには、男女別および年齢階級別、さらにできれば、日本人・外国人別の、全国のすべての市区町村間移動のデータが必要である。しかし、あいにく公的統計にはこうしたデータは表章されていない。

第Ⅱ章　国際結婚の仲介業者の役割

1　はじめに

(1) 問題の所在

　現代世界においては、きわめて多様な国際人口移動が観察されるが、その中では労働移動がおそらく最大の関心を集めてきた（Castles and Miller 2003; OECD 2005）。しかし、国境を越えたトランスナショナルな移動の一カテゴリーとして一定の数を占めていると考えられる結婚移動は、少なくともわが国の地理学分野では、それに見合うだけの関心が寄せられてこなかった。

　こうした状況において注目されるのは、特に20世紀末からの、東アジアや東南アジアにおける日本、台湾、韓国を主な目的地とする、国際結婚移動に関する関心の急速な高まりである（例えば、Bauzon 1999; Piper 1997, 1999, 2003; Suzuki 2000; Wang and Chang 2002; Piper and Roces 2003; Tsay 2004; Lu 2005; Davin 2007; 落合 2007; Lin and Ma 2008; Kamiya and Lee 2009; Yang and Lu 2010）。これらの国の男子人口は、儒教的な価値観の強い影響と深刻な少子高齢化という動向という文脈の中で、結婚難に直面している。国際結婚はこの問題の解決策のひとつと期待されている。しかし、これに関連して、例えばPiper and Roces（2003）が強調するように、労働移動と結婚移動の境界がしばしば曖昧なことに留意する必要がある。また、日本に関する限り、特定の県への結婚移動が、国内移動よりもむしろ新規の国際流入移動において重要となることが確認されている（Liaw and Ishikawa 2008; Ishikawa and Liaw 2009）。

　日本では、特に農家の後継ぎ男性の結婚難が深刻だった山形県の農村部において、国際結婚は1980年代中頃にかなりの注目を集め始めた。当初、地方自治体が外国人花嫁の紹介の労を取ったが、まもなくとりやめた（桑山 1995: 15; 石井 1995: 84-85; 竹下 2017）。しかし、その後国際結婚は急速に全国の至る所に

広がっている。国際結婚のこうした増大を反映し、このテーマに関する文献も増加傾向にある（矢ケ﨑 2010）。既往研究における関心は多様であり、具体的には、歴史的背景（嘉本 2001；安富・梅津 2005）、法律的な手続き（榎本 2004；国際結婚を考える会 2005）、国際結婚あるいは外国人妻の現状（日暮 1989；佐藤 1989；石井 1995；東京新聞編集局 1997；斉藤・根本 1998；佐竹・ダアノイ 2006）、社会学的調査（竹下 2000, 2004）、家族に関連する問題（高畑 2003；Takeshita 2008, 2010）、精神的ストレス（桑山 1995）などにわたっている。

地理学的観点から注目されるのは、日本における国際結婚や国際結婚したカップルの日本人妻の社会的ネットワークに関する研究の進展である（落合ほか 2007；Liaw and Ishikawa 2008；Avila Tapies 2008；Kamiya and Lee 2009；矢ケ﨑 2010；Liaw *et al.* 2010）。結婚というテーマは地理学では長らく軽視されてきたので、この注目すべき新しい動向は日本の国際結婚の状況に関する詳しい解明に貢献すると期待される。

とはいえ、先行文献は現代日本の国際結婚をいろいろな面から研究しているが、国際結婚に積極的な役割を果たしている仲介業者に関する調査が不十分である、という大きな問題点を抱えている。日本には長らく、信頼できる人物が未婚の人に花婿あるいは花嫁を自発的に紹介する見合い結婚という慣習があった。1960 年代までは、このような見合い結婚が恋愛結婚より多かった（竹下 2000: 24, 112）。本章では、こうした伝統的な見合い結婚の仲人とは異なり、それを専門的な仕事をとする仲介業者を扱う。

(2) 国際結婚研究の意義

このテーマに関する研究は、日本における国際結婚の仲介業者の役割を明らかにするというここでの当面の意義を越えて、人口地理学の前進に貢献すると指摘することも可能である。

特にアジアにおける国際人口移動の拡大においてしばしば見落されている重要な点は、往々にして複雑なネットワークを形成している勧誘者、法律家、代理人、組織者、旅行代理店、各種の仲介人から構成される「移民産業」である。従来、移民に関する制度的な影響が論議される際、政府関係の主体の役割にのみ焦点があてられる傾向があった（Hugo 1996）。それゆえに、日本における国際結婚のための仲介業者という主体は、Hugo の視点にふさわしい典型的事例

であり、詳しい研究に値する。現代日本における国際結婚の仲介業者を取り上げる具体的な意義は、以下のように述べることが可能である。

　第1に、日本における国際結婚の仲介業者を取り上げた既存研究は、仲介業者自身による紹介（小澤・白河 2004; 板本 2005; 石田 2007）を除いて乏しい。例えば、中澤（1996）とNakamatsu（2003）は、仲介業者に一定の関心を注いではいるが、あいにく、仲介業者自体よりもむしろ仲介業者を利用して国際結婚したカップルのアジア人妻の実状の検討が、主な関心事となっている。つまり、国際結婚の仲介業者が担っている具体的な役割は、不明なままである。この問題が、本章において説得的な枠組みを踏まえた研究を行うことを難しくしている。

　第2に、日本の既存研究では、仲介業者を利用した業者婚への注目がおそらく実際以上に少なく、恋愛を経た結婚の扱いが実際以上に大きいように思われる。国際結婚カップルや彼らの結婚後の生活に関する紹介や報告は多いが、ほとんどの文献は後者の恋愛結婚のみを取り上げている（矢ケ﨑 2010）。ちなみに、100組の国際結婚カップルを取り上げた斉藤・根本（1998）は、業者婚の事例を1組も扱っていない。全体的に、業者婚をした国際結婚カップルは仲介業者を利用したと認めるのをかなり嫌う傾向にある。これは、自分たち自身の力によってではなく、仲介業者の助けによって結婚できたという負い目のためと推察される。仲介業者自身による報告（例えば、板本 2005; 石田 2007）を除いて、業者婚を取り上げた文献が少ないことは、この推察の妥当性を示唆していよう。業者婚を告白するのを厭うこの傾向と一部の悪質な仲介業者の存在が、国際結婚を斡旋する業者に関する研究が少ないことの主な原因であろう。

　第3に、現代の日本における国際結婚のかなり高い割合が業者婚と予想されるが、それを確認できる公的統計が存在しない。例えば、2006年にはほぼ4.5万件の国際結婚が見られたが、このうち業者婚は何割程度を占めるであろうか？　この質問への回答が、日本で登録されるすべての国際結婚の中での業者婚が持つ重要性についての実質的で貴重な証拠をもたらすことになるので、重要である。なお、2005年に実施された国立社会保障・人口問題研究所（2009）による第13回出生動向基本調査によれば、見合い結婚は、日本における結婚総数のわずか6.4％を占めるに過ぎない。

　以上を念頭に置き、本章の目的は、現代日本における国際結婚の仲介業者の

役割を明らかにするとともに、結婚総数に占める業者婚の比率を推定することである。本章の構成は以下のとおりである。2節で仲介業者の特定を試みる。3節で仲介業者に対する詳しいインタビュー調査の結果を述べ、4節で業者婚の比率を推定する。5節で得られた知見を要約するとともに、その含意に言及する。

2 仲介業者の特定

最初に、日本における国際結婚の仲介業者を探し出す必要がある。しかし、これに関しては、残念ながら、以下のような問題がある。まず、仲介業を営むにあたって許可が不要なため、包括的なデータソースがない。仲介業への参入は容易であり、そのために、多くの新しい業者が生まれている。外国人の妻あるいは国際的に結婚したカップルが、自らの経験に基づいて仲介業を始める事例も多い。しかし、基本的に、2人の別人を結びつけるという仲介業者の仕事は簡単ではなく、慎重な業務を求められる。このため、新しく始めた仲介業者の一部は、短期間で業務が破綻することも少なくない。こうした状況が短いサイクルでの参入や撤退を生みがちであり、それだけ仲介業者の特定が難しい。

以上のような問題を念頭に置き、本章では次のような3つのデータソースが使われた。

第1は、ヤフー日本のウェブサイト(http://www.yahoo.co.jp/)である。仲介業者は「国際結婚」という語句で検索した。第2に、電話帳が使われたが、これもヤフー日本のウェブサイトで検索した。「結婚仲介」という語句での検索が行われたが、それで拾われた業者の中には国際結婚を仲介していない業者も含まれていた。そのため、国際結婚の仲介業者としては、組織名に国際結婚と関連した情報を含む業者を選んだ。第3のデータソースは、主要な国際結婚仲介業者のネットワークへのリンクである(国際結婚相談所 2009)。これは不十分な情報も含んでいるが、仲介業者に関する有用な情報を提供している。

以上の3つのデータソースから、最終的に、2007年12月末現在、303の仲介業者から成るリストを作成した。この中には、先述した仲介業者の短いサイクルのために、既に閉鎖された業者も含んでいる可能性があることに留意の必

2 仲介業者の特定　　　　　　　　　　　　　　　　　　　　31

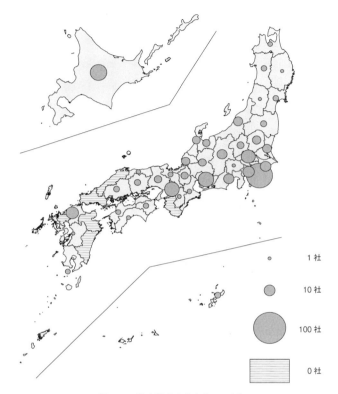

図Ⅱ-1　仲介業者の分布（2007年）

(筆者の調査から作成)

要がある。これらの仲介業者には、次の2つの特徴がある。

　第1に、彼らの住所の情報から都道府県別の空間的分布を知ることができる（図Ⅱ-1）。この分布状況は、『在留外国人統計』から判明する外国人住民の分布状況を示した図Ⅱ-2に、おおむね類似している。すなわち、図Ⅱ-1からは、三大都市圏を含む関東から近畿にかけて集中する傾向があることがわかる。ただし、東京都のシェア22.8％は、2005年の国勢調査による日本の全人口に占める比率(9.8％)をかなり上回っており、注目に値する。また、仲介業者が西日本で少なく、東日本で多い傾向も見出される。こうした東西の違いは、石川(2003)が言及した、性比の空間的パターン、すなわち、東日本で未婚の男性人

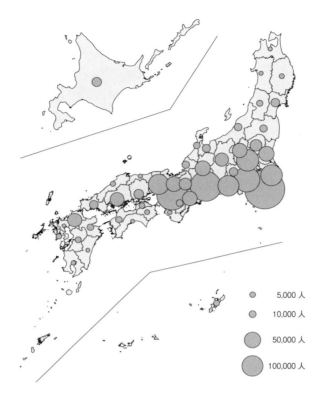

図Ⅱ-2 登録外国人の分布(2006年)

(資料:『在留外国人統計』)

口が未婚の女性人口より大きく、男子の強い結婚難が観察されることと関連していよう。

　第2に、特定した仲介業者の名称と彼らのウェブサイトにアップされている内容を手がかりとして、仲介業者が日本人の依頼人(大部分は男性)に外国人の配偶者(大部分は女性)を紹介する際の外国人の国籍を知ることができる。特定の業者が複数国籍の外国人を対象にした業務を行っていることが確かめられた際には、複数のカウントを行った。抽出した業者のうち、合計244の業者がそのような国籍情報を持っており、その構成を図Ⅱ-3に示した。仲介業者の圧倒的に高い割合(70.5％)が、中国人女性との結婚の斡旋を行っている。次い

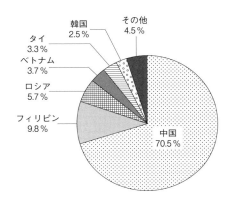

図Ⅱ-3 業者が仲介した結婚の外国人配偶者の国籍（2007年）
(筆者の調査から作成)

で大きな比率を示す国籍はフィリピン（9.8％）であり、これにロシア、ベトナム、タイ、韓国が続く。ちなみに、こうした国籍の構成は、前章の図Ⅰ-2に示された国際結婚カップルの外国人の国籍の構成とは、かなり異なっている。図Ⅰ-2に比較し、図Ⅱ-3では、仲介業者が対象とする外国人の国籍という点では、中国の割合が非常に大きい一方、韓国の割合がかなり小さいと言える。このような違いは、基本的に国際結婚における仲介業者への依存度の違いから生じている。この点に関しては、以下の表Ⅱ-2にまとめた国際結婚の類型を踏まえて後述する。

業者を利用した国際結婚カップルの外国人花嫁の分布と彼女たちの国籍の時間的変化に関する詳細な分析は、本節の冒頭で述べた問題のために、難しい。とはいえ、石田（2007: 14-15）や後述する業者からの聞き取りに基づくと、業者婚による国際結婚の外国人花嫁の主要な出身国・出身地域は、台湾や韓国からフィリピンや中国に移った、という。中国における花嫁の主な出身地は、以前は北京や上海のような大都市であったが、その後は福建省、最近では黒竜江省・吉林省・遼寧省から成る東北部である。特に多くの中国人の花嫁は、黒竜江省の方正県からきており、現在日本在住の同県出身者の総数は、3万5千人に達するという（郝 2014）。出身地が中国の特定の地域に集中しているのは、中国における日本の業者のパートナーが、多くの花嫁の候補者が比較的狭い範囲で見つける必要があるという事情も反映しているであろう。

3 仲介業者への聞き取り調査

　次に、仲介業者の役割を精細に明らかにするために、仲介業者への詳しいインタビュー調査を実施した。しかし、この業界が一部に悪質な業者を含んでいるという負い目のためと思われるが、16業者からは調査協力を拒否された。しかしながら、調査の被験者は、図Ⅱ-1に示された分布と図Ⅱ-3に示された仲介業者が対象とする外国人の国籍構成を考慮して選んだ。結局、303の業者のうちの36業者に連絡して、2007年9月から2008年3月までの期間に、調査を了承いただいた20業者に対しインタビュー調査を実施した。20業者のうちの4業者は、花嫁候補者の送出国を訪問するために、対面による調査ができず、やむなく電子メールによる調査となったことをお断りしておきたい。調査対象が抽出した業者数の10％未満にとどまっているので、インタビューに基づく

表Ⅱ-1　聞き取り調査の対象業者

業者番号	都道府県	国際結婚カップル？	開始年	紹介する配偶者の主な国籍	ホームページ
MA-1	岩　手		1998	中国	有
MA-2	福　島		2005	フィリピン	有
MA-3	群　馬	○	2004〜2005	フィリピン	有
MA-4	群　馬	○	2006	ロシア	有
MA-5	千　葉	○	2003	フィリピン	有
MA-6	東　京	○	1996	中国	有
MA-7	東　京	○	2006	タイ	有
MA-8	東　京	○	1998	ロシア	有
MA-9	東　京		2003	米国	有
MA-10	静　岡		2001	中国	有
MA-11	静　岡	○	2006	中国	有
MA-12	愛　知		2003	中国	有
MA-13	愛　知		2007	ベトナム	有
MA-14	滋　賀	○	1993	中国	無
MA-15	滋　賀	○	2005	中国	有
MA-16	京　都	○	2004	中国	有
MA-17	大　阪		2004	フィリピン	有
MA-18	広　島	○	2002	中国	有
MA-19	熊　本		1999〜2000頃	中国	有
MA-20	鹿児島		1960年代	中国	無

(筆者の調査から作成)

3 仲介業者への聞き取り調査　　　　　　　　　　　　35

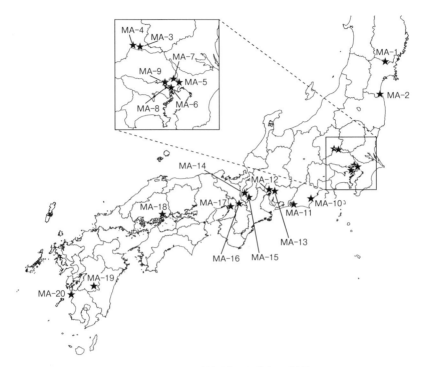

図Ⅱ-4　聞き取り調査を行った業者の所在地

(筆者の調査から作成)

仲介業者の役割についての結論は慎重に導きださねばならない。しかし、既存文献が少ないことと仲介業者へのインタビューの難しさを斟酌すると、被験者が少なくなるというこの問題は避けがたく思われる。

　20の仲介業者の基本的情報は、表Ⅱ-1に示した。業者の所在地からみると、4業者が東京、2業者が群馬、静岡、愛知、滋賀、1業者が岩手、福島、千葉、京都、大阪、広島、熊本、鹿児島の所在している（図Ⅱ-4）。日本の男性顧客に紹介される外国人女性の国籍構成は、11業者が中国、4業者がフィリピン、1業者がベトナム、タイ、ロシア、ウクライナである。1業者のみが、日本人女性に外国人男性を紹介しており、その国籍はアメリカ合衆国である。

　インタビューは、開始年、ビジネスを始めた理由、業務の状況、国際結婚の

理由、日本人顧客の空間的範囲、配偶者ビザの取得、業者の評判、など多くの項目に及んだ。以下、調査から得られた主な知見をこの順に述べたい。

（1）開始年

20の業者のうち、14業者は2000年以降、5業者は1990年代、1業者は1960年代に国際結婚の仲介を始めた（表Ⅱ-1）。このような開始年の分布は、2つのことを物語っていよう。第1に、上述した国際結婚仲介業の短命さである。業者は生き残るために、顧客との訴訟を含む様々な問題に対処しなくてはならない。こうした実態に関連し、仲介業者MA-6は良い仲介業者の条件として、長く続いていることを挙げた。第2に、2000年以降の開業が多いことは、この業界が近年急成長したことを示していよう。

1960年代に創業したMA-20は、やや特殊な事例である。この業者はあまり知られていないが、先駆的業者である。この小さな業者は鹿児島県の漁業の盛んな自治体にあり、これまで40人以上の中国人女性を、漁業に従事する日本人男性に斡旋してきた。この業者には、最初は台湾に、次いで広西壮族自治区の桂林に中国のパートナーがいた。よく知られているように、国際結婚は特に山形県の農村部で1980年代に大きな注目を集め始めた（竹下2017）。日本では農業や漁業などの第一次産業は高度成長期の1960年代に衰退し、こうした産業部門の職の魅力が低下することになった。若い女性が都市部に転出する傾向があったため、地方圏の農村や漁村に住む男性労働者は日本人女性を配偶者に見つけることが難しかった。こうした労働者が故郷にとどまって家族を養うには、外国人の女性と結婚する以外選択肢がほとんどなかったのである。このような配偶者探しを、地方圏の農家や漁家の後継ぎ男性の多くが求められた。この業者の事例は、日本人男性が結婚難に直面して外国人女性と結婚するという事例が、少なくとも国土の縁辺部では、1980年代以前に既に一定数見られていた可能性を示唆している。

（2）開始の理由

仲介業者が国際結婚の斡旋を始めることになった理由は様々である。しかし、主要な理由は、彼ら自身が国際結婚をしていて、その経験を利用する仕事を望んだことである（MA-5、MA-11、MA-14、MA-15、MA-16）。実際、ここで取り上げた20業者のうち、11業者は国際結婚しており、これはNakamatsu（2003:

185-186)の知見と似ている。2番目に大きい理由は、国際結婚を始める前の仕事で、中国あるいはフィリピンとの関係があったことである（MA-3、MA-6、MA-17、MA-19）。興味深いことに、Nakamatsu（2003: 184）もまた、多くの結婚仲介業者がアジアの他の企業で働いていた、と述べている。それ以外の理由としては、かつて日本人の男女の仲介経験（MA-12）や、アメリカ合衆国での滞在経験（MA-9）、業者の親族の結婚難（MA-10）などが挙げられた。さらに、日本の低い出生率の改善に貢献したいという理由に言及した業者もあった（MA-7）。

(3) 業務状況

大部分の仲介業者は、従業員が1人かせいぜい2人であり、規模が零細である。また、黒字となっているのは、ごく一部の業者だけである。これは、大多数の業者が国際結婚の仲介以外に他の仕事を持っていることを意味する。一般的に、同業者間の競争は厳しく、しばしば敵意がみられることさえある。

結婚が決まったあとの業者への支払額は、主に、利用されたサービスの種類や花嫁の出身国や出身地域によって大きく異なる。業者のホームページによると、中国人女性との結婚の場合、よく見られる最低額は160万円から200万円である。この額は、パスポート準備、中国への旅行と同国内の旅行、宿泊、結婚式といった諸費用を含むが、日本国内の旅行、結納金、婚約／結婚の指輪のような費用を含まない。一結婚あたりの業者の純益についてのデータを得るのは難しかったが、ある業者は、日本人男性と中国人女性の結婚の場合、約60万円という額を挙げた。これより安い額を宣伝する業者もいるが、それは不可欠なサービスの一部を怠っている可能性があるので要注意である、と述べた（MA-6、MA-11による）。

(4) 国際結婚の理由

日本人男性にとって、外国人女性と結婚する主要な理由は、教育水準が高まり、仕事に就いていることの多い日本人女性と結婚することの難しさである。これは、夫への経済的依存を小さくするからである。さらに、ほとんどの業者は、40歳以上の日本人男性が日本人女性と結婚するのはかなり難しい、と述べている。実際のところ、調査によると、男性顧客の年齢は30代から60代前半にわたっていたが、中心の年齢は40代であった。もし40歳以上の男性が結

婚を望み、業者を介した外国人女性との結婚に異存がないときには、国際結婚の実現は難しくない。業者を利用した国際結婚を希望する外国人女性は、かなりいるからである。そのため、業者の側から言うと、彼らの成婚率（特定の業者に登録した顧客数に対するこの業者に紹介された外国人女性と結婚した顧客数の割合）がほぼ100％となることが珍しくない。なお、業者の仲介を利用して結婚した外国人女性は、概して夫の日本人男性よりずっと若いので、国際結婚カップルの花婿と花嫁の年齢差は大きいと言える。

　以上のような状況は、既存文献（日暮 1989; 佐藤 1989; 光岡 1989, 1996; 石田 2007: 33）で指摘された農村部の農家の後継ぎ男性に限られない。これは、三大都市圏を含む都市部に住む専門・技術職を含む多くの職種に就いている男性にもあてはまる。例えば、主な顧客は、MA-16の場合エンジニアであるし、MA-8の場合弁護士や医者といった職業の男性を含んでいる。

　さらに、日本人女性の状況にも目を向けることが有益である。現代の日本で結婚難にあっているのは主に男性であるが、子どもを持つために、35歳になる前に結婚したいと希望している高学歴で高賃金を得ているキャリア・ウーマンにもあてはまる。この年齢を超えた女性は結婚を断念する傾向にあるが、もし依然結婚願望があるならば、ひとつの選択肢は日本人女性と外国人男性（通常アメリカ人）の間を仲介する業者を利用することである（小澤・白河 2004: 183-185）。こうした状況を踏まえ、日本人女性の国際結婚のための仲介業者（MA-9を含む）が存在する。つまり、仲介業者の顧客は男性に限られない。

　外国人女性が国際結婚を望む理由として、多くの業者は、経済的安定と豊かな日本への憧れを挙げている。外国人花嫁の多くは20代と30代であるが、農村部からくる花嫁は若い傾向がある。例えば、中国東北部の農村出身の結婚移住者の主な年齢は20代であるのに対し、都市部からの移住者の中心は20代後半や30代前半である。

(5) 日本人顧客の空間的範囲

　特定の業者にとって、男性の顧客の空間的は当該業者のオフィスの近くの範囲に限られている。例えば、滋賀県の中心部にあるMA-14の主要な顧客の範囲は、県の中央部から北部にかけてである。鹿児島県の北西部にあるMA-20の場合、大部分の顧客の範囲は同県の西部と熊本県の南西部である。しかし、

業者がホームページを開設すると、顧客の範囲は拡大する傾向がある。

　以上の議論は、オフィスからの距離に基づいた顧客の空間的範囲に関して、である。しかし、顧客の数も考慮に入れると、そこには明らかな距離減衰傾向が見出される。つまり、業者のオフィスからの距離がより短いほど、顧客の数は多くなる。これは、結婚の前後における仲介業務の仕事と密接に関連した移動の必要性を反映している。例えば、結婚の前に顧客である日本人男性とのトラブルや不満が生じた時、契約の履行を確実にするために、しばしば仲裁の労を取る必要がある。

　結婚後のサービスも重要である。新婚のカップルは彼らの異なる文化的背景が異なるために、いろいろなトラブルに直面することが珍しくない。この状況で、結婚を斡旋した業者は仲裁を求められる。このような場合、金銭的要求を持ちだすことはできないが、仲裁が自分たちの仕事に不可避的に含まれると、多くの業者は考えている。しかし、結婚後の面倒見のいい業者は良い評判を獲得し、結婚斡旋がその後もうまくいくと考えられている。結婚後の面倒見の悪い業者は、金儲けを優先しているとみなされ、評判が悪くなる。一般的に、結婚後のサービスは、最初の子どもが生まれたときに終わる、とされている（石田 2007：107-114、も参照されたい）。

　業者は仕事の範囲を拡大するためにホームページの利用を希望する一方、顧客である日本人男性への丁寧なサービスのために、オフィスの近くの狭い範囲での業務を好む。実際、愛知県のMA-13は、自社のホームページで、顧客を愛知・岐阜・三重の３県に住んでいる人に限る、と断っている。結婚後のサービスが遠隔地では難しいことを念頭に置いて、こうした限定をかけている、とのことである。

(6) 配偶者ビザの取得

　日本人の配偶者としてのビザを早く取得するために、業者は、必要な提出文書の準備に関して、いろいろな助言を行う。このビザを取るために入国管理局に書類を提出してから、実際にビザを取るまで要する時間は、通常２か月である。偽装結婚が疑われる場合には、しばしばもっと長い日数がかかる。

　逆に、問題がカップルの側にない申請については、この長さはもっと短くなる傾向がある。提出文書に、花婿・花嫁両家のすべての親族を含んだ結婚

式の際の写真を添えることが、認可が早く済むための工夫のひとつである。MA-17によると、こうした配慮は偽装結婚の疑いを減らすのに効果が大きい、とのことである。さらに、MA-6は、過去に優れた仲介実績があるために、入国管理局から好感を持たれており、日本人の配偶者というビザはわずか1か月で取得できると述べていた。ビザ交付に要する時間は、ある程度、どの業者が使われるか次第とも言えるようである。

(7) 業者の評判

多くの業者は、この仕事をしていて最も嬉しいのは、結婚が実現し、結婚披露宴に招待されたあと、カップルから感謝される時であると述べている。これ以外に、カップルの最初の子どもが生まれたときに名付け親となることを頼まれたときも嬉しい、とMA-1は述べていた。

業者の多くは誠実であるが、結婚仲介業全体の評判を損なうような一部のたちの悪い業者の存在については憂慮している。このために、自分の職業に臆病になっている業者も少なくない。

インタビュー調査で訪れた業者のオフィスは、地元で目立つのを避けるために、オフィスの看板を出さず、そのために地元でさえ、当該業者のことがよく知られていないことも、珍しくなかった。国際結婚の仲介業者の不評は、以下の原因から生じているようである。

第1に、花嫁の候補者を探すとき、業者は自分の親類または親友のような信頼できる人がいないならば、他の国のパートナーをあてにしなくてはならない。MA-11によると、日本人男性と中国人女性の結婚が成立した後も、中国のパートナー（しばしばブローカーと呼ばれる）はそのパートナー関係の継続を希望するので、彼らは日本の業者から協力金を受けとることはない。その代わりに、中国のパートナーは、通常100万円以上を花嫁の側に要求するという。日本人の夫は通常そのような要求について知らないので、中国人の妻は日本で懸命に頑張らざるを得ないが、彼女は夫にそのことを隠そうとする。これが、夫婦間の諍いの元となり、離婚に至ることもある。MA-6は、このようなブローカーの隠れた振る舞いが日本の国際結婚の悲劇の原因となっている、と述べている。中国のパートナーが信頼できる人の場合には、こうした問題は起こらない。

第2に、偽装結婚に業者がしばしば関わっていることも、否定的なイメージ

の一因となっている。この点に関して、石田（2007：53-57）、次のような3つの
ケースを紹介している。1つ目は、「夫」、「妻」と日本の業者が共同して偽装結
婚を実現するケースである。2つ目は、「妻」が日本での就労の抜け穴として国
際結婚を利用し、日本入国後に姿を消すケースである。この場合、「夫」、そして、
しばしば日本の業者さえ、彼女のこの意図を知らない。3つ目は、第2のケース
と似ているが、「妻」の失踪を主に中国の業者が「指導」するケースである。

　第3の原因として、国際結婚したカップルや仲介業という仕事の厳しさを知
らない外国人妻による仲介ビジネスへの安易な参入を付け加える必要がある
（MA-11による）。安易な参入の結果として生じる破綻や行き詰まりが、業者
の好ましからぬ噂につながる。

4　業者婚の比率の推定

　次に、日本の国際結婚における業者が仲介した結婚の割合を推定する。この
点については業者へのインタビュー調査でも質問したが、満足な答えは得られ
なかった。有力な手がかりのひとつは、日本の入国管理局に提出する質問書
での質問「紹介者の有無などについてお尋ねします。」への回答であり、これ
は、申請するカップルが書かなければならない項目である（国際結婚を考える会
2005：132）。もしこの答えが「有」で、そこに業者名が書かれているならば、そ
れが当該カップルの結婚が業者婚であったという直接的で説得的な証拠となる。

　しかし、当該のカップルは業者を実際に使ったとしても、業者頼りの結婚を
したことを隠したいと考え、偽装結婚の疑いをかけられるのを避けたいので、
紹介者は「友人」と書かれる傾向が強い。そのため、業者名がここに登場する
ことは著しく少ない、と考えられる。つまり、この項目での回答を、業者婚の
割合を推定するための資料として利用することはできない。

　この問題に取り組むために、上述した業者へのインタビュー調査と入国管理
局へのインタビュー調査によって確認された、日本での国際結婚の類型に関
するリストを作成した（表Ⅱ-2）。日本では、日本人の夫と外国人の妻から成る
カップルが支配的なので（図Ⅰ-1）、この表はそうしたカップルについて、6つ
の具体的類型を想定している。これらの諸類型は、恋愛結婚と業者婚という結

表Ⅱ-2　日本人男性と外国人女性の国際結婚の6類型

類型	結婚の種類	結婚前の居住国		結婚式を挙げる国	女性の在留資格変更の有無	データの出所	
		男性（国籍：日本）	女性（国籍：A国）				
類型1	恋愛結婚	日本	日本	日本	永住資格を持っているため、「日本人の配偶者等」に変更せず、日本滞在を継続	なし	『人口動態統計』に掲載されている、妻外国人の国際結婚の件数
類型2	恋愛結婚	日本	日本	日本	他の在留資格から「日本人の配偶者等」に変更し、日本滞在を継続	なし	
類型3	業者婚	日本	日本	日本			
類型4	恋愛結婚	A国	A国	A国	「日本人の配偶者等」の在留資格を取得し、日本に新規入国	『出入国管理統計年報』に掲載されている、「日本人の配偶者等」新規入国者の女性数	
類型5	恋愛結婚	日本	A国	A国			
類型6	業者婚	日本	A国	A国			

（筆者の調査から作成）

婚の種類、結婚前の常住国、結婚による在留資格の変化、という基準から設定された。以下、この基準について説明したい。

　第1に、結婚の種類に関しては、業者が仲介した結婚とそれ以外に分けられる。後者の大部分は恋愛の期間を経て結婚に至った事例と考えることが可能なので、ここでは便宜上、恋愛結婚と呼ぶことにする。類型1、類型2、類型4、類型5は恋愛結婚に、類型3と類型6は業者婚に分類される。

　第2に、表Ⅱ-2では、結婚直前の夫と妻の居住国ならびに外国人妻の国籍が考慮された。類型1〜3は、夫婦の双方が日本に居住していた事例である。これらの3類型は、夫と妻がおそらくは日本で会って国際結婚に至ったと思われる。類型4は日本人男性と外国人女性が海外のA国で恋に落ち、彼女は「日本人の配偶者等」という在留資格で日本に入国したと考えられる。類型5は、日本人男性と外国人女性が日本で会って恋に落ち、その恋愛関係が彼女の帰国後も続いた事例であり、特に花婿が日本人、花嫁がフィリピン人のカップルが想

定されている。ちなみに、2004年までは、フィリピンからの新規の女性流入者の主要な在留資格は「興行」であった。彼女たちの多くは「フィリピンパブ」で働き（Abe 2009）、そこで日本人男性と親しくなって、恋愛に発展する者が少なくなかった。この在留資格の発給が2005年から厳しくなったが、彼女たちが帰国した後も、恋愛関係が続いた事例が多い。このような背景に基づいて最終的に国際結婚をすることは、日本人男性とフィリピン人女性の間では珍しくなかった。類型6は、本章の対象である、業者に斡旋された国際結婚の事例である。なお、上述した、実際には業者の仲介を受けても、入管に提出する書類では紹介者として「友人」と書くカップルの多くは、表II-2の類型5に該当しよう。しかし、このようなカップルは、入管に対する説明としては、友人の紹介で会って、その数日後に結婚するので、カップルのかなり高い割合は、実質的には類型6に分類されることになる。

　第3に、国際結婚と関連した在留資格の変化に関して述べると、類型1は、外国人女性が既に永住可能な資格を持っていると考えられるので、結婚による在留資格の変化はない。そうした資格が、「日本人の配偶者等」という資格より好まれるからである。また、類型2と類型3に該当する外国人妻は、例えば、「留学」や「人文知識・国際業務」から「日本人の配偶者等」に在留資格を変更するであろう。それに対し、類型4〜6に該当する日本に新規入国する外国人女性は、「日本人の配偶者等」という資格を新たに取得する必要がある。

　表II-2で示される異なる6つの類型の具体的な内容については、以上のように説明されよう。業者の斡旋による国際結婚は類型3と類型6なので、この節での目的は、類型1〜6のすべての類型の件数の中で、これらの2つの類型の占める割合を明らかにすることである。この割合を公式統計から直接知ることはできない。しかし、公的統計にあるデータを、「日本人の配偶者等」を含む複数の在留資格の審査を担当する入国管理局の審査官の推定を結びつけることによって、暫定的な答えが見つかる。この目的のためには、筆者は2008年3月に東京と大阪の入国管理局を訪ねた。ちなみに、入国管理局で、国際結婚による「日本人の配偶者等」の審査は、他の永住関係の資格の審査と一緒に行われる。なお、2006年に、全国で51,650件の申請があり、東京と大阪の入国管理局はその中の、それぞれ44.8％と10.1％、合計で54.9％を扱った。そのた

め、両管理局から得られたデータは、全国の傾向を反映していると考えること
が許されるであろう。公式統計のデータと入管でのインタビューから得られた
データを結びつけることで、以下のような議論が可能になる。

　『人口動態統計』によると、2006年の国際結婚の総数は44,701件であった。
外国人が花嫁の結婚は35,993件（80.5％）、花婿の結婚は8,708件（19.5％）であ
る。前者の数字が、表Ⅱ-2における類型1～6の総数にあたる。さらに、『出
入国管理統計年報』によると、2006年の在留資格「日本人の配偶者等」による
新規流入者数は、18,441人であった。この数を性別に分解できないので、上記
の、2006年における国際結婚の外国人の性別比率（80.5％対19.5％）に正比例す
ると想定する。その結果、「日本人の配偶者等」ビザによる新規流入者数のうち、
14,845人が外国人花嫁、3,596人が外国人花婿と推定された。この14,845人が、
表Ⅱ-2における類型4～6の合計数にあたる。

　次に、東京と大阪の入国管理局の審査担当者から得られたデータは、以下の
とおりである。類型4～6の総数に占める類型6の比率の推定は、東京では70
～80％、大阪では80～90％であった。そこで、とりあえず、70％を最低比率
として用いると、得られる数は10,392人である（14,845人×0.70）。さらに、類
型3の類型6の該当者に対する比率は9分の1、とのことであった。つまり、
10,392人÷9＝1,155人、が得られる。したがって、業者婚は類型3と類型6
の合計は、10,392人＋1,155人＝11,547人となる。外国人が妻の国際結婚の数
は、上述のように35,993人なので、業者婚の比率は32.1％となる（11,547人÷
35,993人）。もし、類型4～6の総数に占める類型6の比率として80％を最低比
率として使うと、業者婚の比率は36.7％となる。

　以上は、日本人の夫、外国人の妻という国際結婚カップルに限った比率であ
る。これに、外国人の夫と日本人の妻というカップルの数を加えると上記の比
率は変わってくる。しかし、こうしたカップルの数が少ないため、ここではこ
れ以上の議論は行わない。ともあれ、日本人の夫、外国人の妻というカップル
に限定して、日本における国際結婚に占める業者婚の比率は、少なくとも約
3分の1を示すと推定される。これは、明らかに、花婿・花嫁が日本人同士の
カップルの結婚における見合い結婚の割合6.4％（国立社会保障・人口問題研究所
2009）よりはるかに大きい。

以上で、本節の目的である業者婚の比率を推定するという作業は終わった。しかし、これに関連し、表Ⅱ-2に依りつつ、国際結婚のための仲介業者への依存度が国ごとに異なることに言及することによって、図Ⅰ-2と図Ⅱ-3の国別構成の違いを説明できる。この説明を、本節の最後で行っておきたい。国籍は、中国、フィリピン、韓国・朝鮮である。

図Ⅱ-3における中国の著しく高い割合（70.5％）は、業者の助けを借りた国際結婚の比重が高いのに対し、フィリピンや韓国は業者への低い依存が低いことから生じている。上述したように、類型5はフィリピン人妻に該当していると考えられるが、よく知られているように、彼女たちは2004年まで「興行」資格を持って入国し、日本人男性と知り合って、恋愛結婚することになるケースが多く、仲介業者の介入が必要ないのである。そのため、フィリピンが、図Ⅰ-2において2006年では27.6％を占めているにもかかわらず、図Ⅱ-3ではわずか9.8％を占めるに過ぎないのである。

また、韓国が、図Ⅰ-2の2006年では18.7％なのに対し、図Ⅱ-3ではわずか2.5％とかなり少ないのは、彼女たちがオールドカマーとして、主に類型1に該当し、日本での長い居住期間のため、情報が豊かで配偶者探しに際して業者に頼る必要が小さいから、と推察される。ただし、日本人男性と結婚する韓国人女性が、オールドカマーであるのか、ニューカマーであるのかは、国際結婚の主なデータソースである『人口動態統計』からはわからない（Piper 2000）。

5 小　　括

本章は、日本における国際結婚のための仲介業者の役割に関する実状や、国際結婚全体の中での業者婚の比重を明らかにすることを目的とした。得られた主な知見は、次のようにまとめることができる。

2007年末現在、国際結婚の仲介業者は約300を数えた。彼らは三大都市圏を含む関東から近畿に多い。仲介する外国人の国籍としては、中国の占める割合が圧倒的に大きい。また、仲介業者の多くは、自身が国際結婚をしたという経験から、この仕事を始めるケースが多い。日本人男性にとって国際結婚の主要な理由は、日本人女性との結婚が難しいことである。また、日本人顧客の分

布に関しては、明らかな距離減衰傾向があることを確認でき、顧客は業者のオフィスの近くに限られる傾向がある。業者は、「日本人の配偶者等」ビザの取得のために、日本人男性の外国人妻のための提出文書を用意する際、いろいろな助言を行う。業者の多くは誠実であるが、彼らはたちの悪い同業者の存在については憂慮している。さらに、すべての国際結婚の中で仲介業者が斡旋した国際結婚の比率は、夫日本人、妻外国人のカップルに関しては、少なくとも3分の1と推定した。

　本章で扱ったのは、国際結婚件数が急増しつつあった時期の状況であることに留意いただきたい。現在ではこの件数は、ピーク時のほぼ半分に減っている。その結果、状況が当時と大きく変わっている可能性があるが、具体的にはどのような変化であったのかについて、ここで詳しく述べることはできない。とはいえ、異なるエスニックな背景を有する2人を結びつけることを仕事とする仲介業者の存在は、依然として重要であると考えるべきである。

　最後に、本章で得られた知見に関し、次の2つの含意に言及したい。

　第1に、本章で論じた業者の仲介業に関する態度は、一部の悪辣な業者の存在のため、誇りを持っているというよりは、むしろ臆病である。しかし、夫日本人、妻外国人という国際結婚に関する限り、業者が斡旋する結婚の割合として判明した、少なく見積もって3分の1という比重は、仲介業者の役割の大きさを物語っている。もし業者の仲介がなければ、業者婚が生まれなかったと単純に考えるならば、業者の役割の重要性が的確に評価される必要があろう（Ishikawa and Liaw 2009）。人口減少時代を迎えた日本にとって、結婚による外国人流入は歓迎すべき現象であるという側面を積極的に考えるべきであろう。

　第2に、日本に新規流入する外国人花嫁は、異なる文化的背景のために、潜在的に大きなストレスを抱え、彼らの日常生活についての不安も大きいであろう。これまでは、結婚後の支援は業者に主に任されていた。新しい住民としての彼らは、日本で永住する権利を有しているので、国や地方自治体のみならず、NPOやシェルターなどの組織による支援（石井 1995; 高畑 2003; Davin 2007）が積極的に進められる必要があろう。国際結婚による外国人流入の多い東アジア諸国での国際的な比較研究も、こうした観点から今後の重要な研究課題である。

第Ⅲ章 日本の人口流動に対する経済危機のインパクト

1 はじめに

わが国は、1990年代初頭のバブル経済の崩壊以来、不況とデフレに直面してきた。さらに、財政赤字は大幅に拡大し、先進諸国の間で最大の赤字を記録している。しかし、この問題への有効な解決策は、あいにく提起されていない。非正規労働者の増加による格差が拡大する一方、高齢者にとっての社会保障に関する不安が大きくなりつつある。さらに、日本経済が置かれている困難な状況は、ヒト、モノ、カネのグローバル化が速やかに進展するにつれ、国際社会における日本の地位は低下しつつある。こうして、1990年代の「失われた10年」(Yoshikawa 2008; Miyoshi and Nakata 2011)は15年になり、2008年のリーマン・ブラザース・ホールディングスの破綻によって引き起こされた世界的経済危機や、1990年代以来の日本におけるマイナスのトレンドのため、日本経済の「失われた20年」が議論されるに至った(櫻井ほか2011)。

こうした変化は、日本における人口流動に様々な形で大きな影響を与えた。例えば、国際移動や国内移動と景気変動の関連に関して言うと、1980年代後半から1990年代初めにかけての好況が、世界における日本の地位の上昇につながり、日本が国際人口移動の重要な目的地となった(Castles and Miller 1998: 141-161)。この流入は1990年代の不況期にも継続し、外国人人口の増加につながった(Ishikawa 2003)。また、不況による地価の下落は1990年代中期から東京大都市圏の都心部への顕著な人口流入を促すことになった(江崎2011)。

こうした経済環境の時期であった2008年に、リーマン・ブラザース・ホールディングスの破綻に端を発した世界経済危機が発生した。この危機は、日本をめぐる人口流動にどのようなインパクトを与えたのか？ それは、1990年代の不況のインパクトと同じものであったのか、それとも異なっていたのか？ 既

存文献では、こうした疑問に対しまだ詳細な検討が加えられていない。

　ところで、地表上における人の空間的フローは、一般的に人口流動（human mobility）と呼ばれるが、その内実は複雑と言わざるを得ない。例えば、居住地の変更を伴うか否か、国境を超えるか否か、目的が就学、就労、結婚、観光、通勤・通学、通院のいずれか、などのような観点から、多種多様な種別の人口流動を識別できる（石川 2004）。これらは相互に関連しているが、特定のできごとによって変化する様相は、フローの種別ごとに異なると考えられる。

　例えば、筆者が 2000 年から 2012 年まで事務局長を務めた IGU（国際地理学連合）の「グローバル変化と人口流動（Global Change and Human Mobility）」委員会（ただし、2000～2004 年は研究グループ）は、こうした観点から、特にグローバル化の時代における人口流動を包括的に研究することを目的としていた。この委員会の成果のひとつが、Ishikawa and Montanari（2003）である。2008 年に起こった経済危機は、原因が単一であり、そのインパクトが人口流動の異なる種別にどのような影響を与えたのか、を検討する格好のテーマといえる。ちなみに、本章は、上記の「グローバル変化と人口流動」委員会が 2010 年 7 月にイスラエルのハイファで開催した研究集会での筆者の発表を基にしたものである。

　とはいえ、多岐にわたる人口流動を系統的にとらえることは簡単ではない。そのため、既存文献においては、特定の種別に限定した考察が行われることが多かった。ちなみに、日本における先行文献では、居住地の変更を伴う国内人口移動への不況あるいは景気変動の影響に焦点をあてるものが多かった（例えば Nobukuni 1982；濱 1995；Ishikawa and Fielding 1998；石川 2001；Yano *et al.* 2000；Yano *et al.* 2003）。つまり、このテーマはこれまで一定の関心を集めてきたと言える。しかし、以下の 2 点の問題があることに言及の必要がある。

　第 1 に、上述した先行研究で検討されている経済危機は、1970 年代あるいは 1990 年代に観察された不況であり、2008 年以降の世界的な経済危機の影響についてはまだ詳しく研究されていない。第 2 に、先行研究で扱われている対象は、主に、エスニック・マジョリティとしての日本人による国内移動であった。しかし、日本で 1980 年代以降に見られた外国人人口の増加を考えると、経済危機のインパクトの考察にあたっては、日本人と外国人の双方の流動に注目する必要がある。

ところで、海外に目を転ずると、世界的経済危機のインパクトに関する、実に様々な観点からの多くの研究がある（例えば、Castles and Vezzoli 2009; Abella and Ducanes 2009; Martin 2009; OECD 2009, 2010; Castles and Miller 2010; Fielding 2010; Chan 2010; Wang 2010; Benediktsson 2011; Domínguez-Mujica *et al.* 2012; Zweiers *et al.* 2016）。

本章における基本的な研究の関心は、日本における人口流動に対する経済危機のインパクトの検討である。このためには、次の2点を考慮する必要がある。

第1に、現実の人口流動は、様々な流動のカテゴリーで観察され、相互に関連しているため（例えば, Wright *et al.* 1997; Williams and Hall 2000; Skeldon 2006; Ishikawa and Liaw 2009）、居住地変更のある人口移動やそれがない観光フロー、および、国内移動や国際移動など、多くの異なる種別の人の空間的フローを取り上げ、それらを比較検討する見地が重要である。先述した国内人口移動は、多様な人口流動の中の一カテゴリーに過ぎない。

第2に、日本では外国人、とりわけ、外国人労働力への関心が次第に高まってきた（例えば, 桑原 2001; 梶田ほか 2005）。このため、経済危機に対応した日本人の労働市場における雇用調整について論じた研究（中澤 2010, 2012）も見られるものの、特に、社会学の分野を中心とした既往研究の多くは、南米出身の労働者の大量失業や、非正規労働者としての彼らの脆弱性に焦点を置いている（例えば、樋口 2010; 稲葉・樋口 2010; 明石 2011a; 鈴木 2011; Takenoshita 2017）。それに対し、日本では、外国人労働力へのインパクトを、彼らの分布や居住地変更といった空間的観点から分析する研究は乏しいと言わざるを得ない。

以上を踏まえ、本章では、居住地移動やツーリズムを含む人口流動の様々な種別への経済危機へのインパクトを、空間的観点を重視しつつ考察することを目的とする。なお、各種の人口流動が危機以前の状態にいつ回復したかが、こうした研究の重要な関心事となる。しかし、日本に関する限り、2011年3月11日に東日本大震災が発生したため、この年以後の人口流動の変化を経済危機の影響と大震災の影響に峻別することは著しく困難である。このため、本章における分析は2010年までに限定せざるを得ない。

本章で用いられる主なデータソースは、国内で刊行されている公的統計や新聞記事である。経済危機の影響の解明というテーマを扱う場合、関連の学術的

文献はわが国の地理学分野では乏しいが、新聞はそれを補う資料として貴重なデータソースだからである。

本章の構成は、以下のとおりである。まず2節で、主に2008年1月以降における景気変動に関する指標を、いくつか挙げる。3節で、日本人の国内移動および、外国人と日本人の国際観光フローという人口流動を検討する。次いで4節で、経済危機と人口流動の関連として、外国人労働者への影響を検討するとともに、彼らを支援する国および県のプログラムを考察する。最後の5節で、得られた知見を要約する。

2 経済的背景

まず、既存の人口流動を変えた経済環境の変化の状況を確認しておきたい。具体的には、2008年以降の労働市場および不動産市場に関係する景気変動を示す、月単位の3つの指標を取り上げる。

第1は、総務省の『労働力調査』に記載のある失業率である（図Ⅲ-1）。失業率は、2008年11月までは4.0％前後で安定していたが、その後は、2009年7月まで上昇を続けており、経済危機の影響を確認できる。失業率は、2010年1月まで低下傾向にあったが、その後は4.6％と5.3％の間にある。

第2は、厚生労働省の『一般職業紹介状況』にある有効求人倍率（新規学卒者を除きパートタイムを含む）である。このデータは、元来、職業安定所で集められたもので、有効求人者数を有効求職者数で割って得られる。この倍率が1.0のとき、労働市場における需要と供給が、完全にバランスが取れていることを意味する。経済が好況の時には、この測度は、1.0を大きく超える数値を示す傾向にあり、多くの人が容易に職につけることを示す。逆に、経済不況の時には、1.0を下回り、求職者が職にありつくのが難しくなることを意味する。失業率と同様、この指標は、日本における労働市場の需給の不均衡を検討する際によく使われる。図Ⅲ-1によると、有効求人倍率は、2008年の5月から10月にかけて0.83～0.86と安定していた。しかし、同年11月から低下をはじめ、2009年の5月と6月に0.40のどん底を記録して以降は徐々に上昇し、2010年12月には0.58を記録している。

2　経済的背景　　　　　　　　　　　　　　　　51

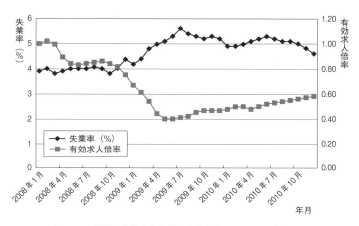

図Ⅲ-1　月別の失業率と有効求人倍率（2008〜2010年）
（資料：『労働力調査』および『一般職業紹介状況』）

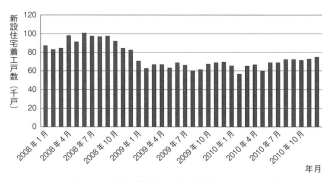

図Ⅲ-2　月別の新設住宅着工戸数（2008〜2010年）
（資料：『住宅着工統計』）

　第3に、国土交通省の『住宅着工統計』から入手可能な、新設住宅着工戸数のデータである（図Ⅲ-2）。この測度は、2008年9月に9.7万戸であったのが、以降減少し2009年2月には6.2万戸という底を記録することになった。着工戸数は、その後、5.9万戸と7.2万戸の間で変動している。

　以上の景気変動関連の3つの指標は、日本が明らかに2008年の秋に経済危機に見舞われたことを示している。失業率と有効求人倍率は、2009年の夏以来、

わずかずつではあるが改善傾向を示し、新設住宅着工戸数は、2010年6月以降に1年前の同月の戸数を上回るようになった。しかし、これらの3指標のいずれも、2010年12月の時点で、危機前に観察された水準に戻っていないので、少なくとも同年末までは依然として経済危機の影響を被っていたとみなさざるを得ない。

3　人口流動

　この節では、人口流動のいくつかの種別に焦点をあてて、経済危機のインパクトを明らかにしたい。ただし、データの入手可能性のために、考察を日本人による国内人口移動（居住地変更を伴う）と日本人と外国人の国際人口流動（居住地変更を伴わない）に、限定せざるを得ない。

(1) 日本人の国内人口移動

　ここでの統計資料は、総務省統計局の『住民基本台帳人口移動報告年報』である。この年報は、日本人のみを対象としていることにご留意いただきたい。図Ⅲ-3は、1970年以降における東京圏（埼玉、千葉、東京、神奈川の1都3県）、大阪圏（京都、大阪、兵庫、奈良の2府2県）、名古屋圏（岐阜、愛知、三重の3県）の三大都市圏の純移動数を示したものである。ここで、40年間という長い期間を対象としているのは、人口移動への景気変動のインパクトを論じるには、この人口流動の種類に関しては、景気変動との関連に関する先行研究（Nobukuni 1982; Yano *et al.* 2000; 石川 2001; Yano *et al.* 2003）があり、参考にできるという便宜があるからである。

　三大都市圏における1970年代中期の純移動減少は、2度にわたる石油ショックに関係する経済不況、地方圏における潜在的流出者の枯渇、安価な労働力を求めての、特に製造業雇用の地方分散、などのためであった。しかし、1980年代後半のバブル経済期には、国際的な金融センターとして、有力な世界都市に駆け上がった東京の人口吸引力を高めることになった。とはいえ、これに関連する、東京圏における地価の急騰は、1988年から、純移動数のやや急速な低下を招くことになった。1990年代前半に観察された純移動の減少は、経済不況による労働市場の悪化によって説明される。しかし、この不況は、地価を

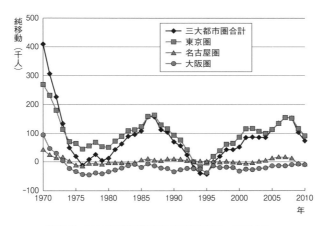

図Ⅲ-3 三大都市圏の純移動の推移（1970〜2010年）
（資料：『住民基本台帳人口移動報告年報』）

急落させたので、東京特別区部の都心部の区における大量のマンション建設を可能にし、それが、1990年代半ばからの人口都心回帰をもたらした。

図Ⅲ-3によれば、経済危機後の3年間に、三大都市圏全体の純移動は、+15.4万人(2008)→+10.4万人(2009)→+7.6万人(2010)と、急速な縮小を示した。この縮小の大部分は、東京圏における純移動の減少によって生じた。東京圏の純移動は、+15.2万人(2008)→+11.7万人(2009)→+9.2万人(2010)を記録したからである。この大幅な減少の原因として、地方圏において、高校卒業生が地元で雇用を見つけたり、地元の大学に進学する傾向が強まったし、東京圏における雇用の減少のために、東京の事業所への企業内転勤が減ったことが関係している（日本経済新聞 2010a）。これが東京特別区部への転入移動のやや急速な低下を生むことになった。他にどのような要因が作用したのかの詳細は不明であるが、人口の都心回帰の減少は経済危機によりもたらされた可能性が大きい（江崎 2011）。

製造業が重要産業である名古屋圏では、純移動が+1.4万人(2008)→−0.5万人(2009)→−0.6万人(2010)と、この3年間で転入超過から転出超過に転じた。この原因は、需要の減少による自動車産業の停滞と考えられる。大阪圏の純移動は、−1.19万人(2008)→−0.9万人(2009)へと推移したが、これは、経済が停

滞した東京圏への移動の減少を反映したものである。とはいえ、2010年の純移動は-1.0万人と、減少幅がわずかに拡大した。

つまり、三大都市圏のうち東京圏と名古屋圏の2つで、雇用機会の収縮によって純移動が縮小したことになる。この意味で、経済危機は日本の国内移動に明らかな影響を与えたと言える。経済の不調が三大都市圏における純移動の減速を生んだ一方、三大都市圏以外の地方圏においては、それまで経験してきた人口減少の勢いが弱まるという結果を生むことになった。

上記の議論は、エスニックな多数派としての日本人に関する、居住地の変更を伴う人口流動に関する動向である。一方、エスニックな少数派としての外国人の日本への大量流入が1980年代後期に始まった。1990年代は不況によって特徴づけられる。経済危機は、日本人と同様、外国人住民の国内移動にも負の影響を与えたのであろうか？　これは興味深い問題であるが、外国人の国内移動に関する包括的な時系列データがないため、検討が難しく、具体的な影響は不明と言わざるを得ない。ただし、2005～2010年を対象とした外国人の国内移動に関する目的地選択の研究成果(石川ほか 2014; Hanaoka *et al.* 2017)はあるので、それを参考に経済危機の影響を推察することは可能である。

(2) 外国人と日本人の国際観光フロー

次に、日本政府観光局のデータに基づいて、2008年1月以来の訪日外国人数(訪日外客数)と出国日本人数の月別の変化に目を向けたい(図Ⅲ-4)。これは、おおむね国際的な観光客のフローデータと考えていい。ここでツーリストの数に注目するのは、建設業、製造業、金融サービス業と同様、観光業は経済危機に対し脆弱と考えられているからである(Fielding 2010)。

まず、経済危機を含む期間における観光客の年次別動向を確認したい。各年の出国日本人数(単位100万人)は、17.4(2005)→17.5(2006)→17.3(2007)→16.0(2008)→15.4(2009)→16.6(2010)となっている。一方、訪日外国人数(単位100万人)は、6.7(2005)→7.3(2006)→8.3(2007)→8.4(2008)→6.8(2009)→8.6(2010)であった(国際観光振興機構 2010; 日本政府観光局 2012)。したがって、減少率が最も厳しかったのは、出国日本人数は2007～2008年、訪日外国人数は2008～2009年であり、前者に関しては-7.6%、後者に関しては-18.7%であった。

3　人口流動

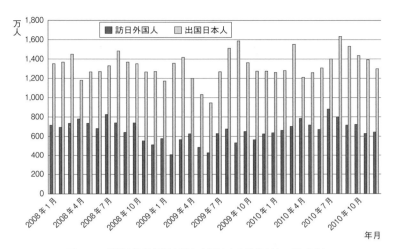

図Ⅲ-4　月別の訪日外国人数と出国日本人数（2008～2010年）
（資料：日本政府観光局（JNTO）および『出入国管理統計年報』）

　月別の数を示した図Ⅲ-4によると、月変動が顕著であり、季節のピークも観察される。出国日本人は3月と8月・9月が多いが、これは、それぞれ年度末と夏の観光シーズンにあたっているためである。一方、訪日外国人は7月・8月に多いことがわかる。経済危機の影響を的確に検討するためには、こうした月変動を念頭に置く必要がある。

　図Ⅲ-4に示された出国日本人数をみると、2008年8月に増加しそれ以降に低下している。2009年の2・3月に一時的に増加したが、同年の年6月に94.8万人の底を記録している。この期間が、経済危機の影響による海外出国者の減少が続いた時期と考えられる。2009年7月以降はやや急速に増加しているが、特に8・9月は経済危機が発生する前の2008年の8月の数をわずかではあるが上回っている。ただし、その後の時期でも、出国者数は、3月と8月の数は多いが、それ以外の月では120～140万人の間を変動しており、大きく増加している訳ではない。

　訪日外国人数は、やや異なった動きを示している。すなわち、2008年の7月が82.5万人を記録したが、同年10月や2009年1月の一時的な増加の後に、同年2月に底をうっている。6月にも谷を記録しているが、7月以降はおおむ

ね増加基調にあった。

　図Ⅲ-4 に示された 2 つの棒グラフが 2008 年の 8 月あるいは 9 月から低下していることから、居住地の変更のない、観光という人口流動のカテゴリーに対して経済危機が与えた影響を見て取ることができる。訪日外国人の減少に関する他の要因としては、2007 年から進行した円高が 2009 年まで継続したことや、2009 年 5 月からの新型インフルエンザの感染拡大が考えられる（国際観光振興機構 2010: 30-31）。この文脈で注目する必要があるのが、日本への海外からの観光客呼び込みのために国土交通省に設置された日本政府観光局が、2003 年にビジットジャパンキャンペーンを開始したことである。日本人の出国数と外国人の入国数の間に、長年にわたって大きな開きがあったことが、このプロジェクト開始の背景として重要である。

　例えば、法務省の『出入国管理統計年報』によれば、2002 年における日本人出国者と外国人入国者は、それぞれ 1,650 万人と 580 万人であった。2010 年における数字は、前者が 1,660 万人、後者が 940 万であった。この 8 年間における 2 つのフローの差は縮小したにもかかわらず、日本人の出国超過が依然として大きかった。キャンペーンの目標は、入国外国人の増加によって 2010 年に 1,000 万人を突破することだった。しかし、その数は、2010 年に 860 万人にとどまり、目標を達成できなかった（日本政府観光局 2012）。つまり、ビジットジャパンキャンペーンの効果を打ち消すほど、経済危機の影響は深刻であった。

　さらに、観光というカテゴリーの人口流動を県レベルで検討することも興味深い。そのような分析が、日本政府観光局が実施した詳細な調査で得られたデータの利用によって可能になる。外国人観光客の目的地のシェアという点では、しばしば「ゴールデン・ルート」と呼ばれる、三大都市圏およびその周辺を含む範囲が、人気がある。2006〜2010 年の期間における外国観光客の目的地の上位 5 県は、同じであった。ちなみに、2010 年のデータを示すと、東京（58.8％）、大阪（24.4％）、京都（20.6％）、神奈川（16.7％）、千葉（12.7％）であった。その意味で、経済危機下でも上位の目的地の変化はなかったことになる。ただし、九州では、2008〜2009 年に、特に韓国からの観光客の大きな減少が観察された（日本政府観光局 2011: 9-10）。

　にもかかわらず、日本をめぐる観光客の流動はまもなく回復した。主に成田

空港の国際便の増加と円高の効果により、日本からの海外旅行者数は、2010年10月から5か月連続で、1年前の水準を超えて増加し続けた。海外からの観光客数も、主に、出発国における経済危機からの回復と、日本政府観光局による広報活動の努力の結果、1年前の水準に比較し、2009年11月から16か月連続で増加し続けた。これは、国際観光という人口流動が、2010年秋には危機の影響から立ち直ったことを意味していよう。この回復の重要なきっかけとなった一因は、韓国と中国からの流入の急激な増加であった（日本政府観光局2012）。観光フローへの危機の影響に関して、例えば、Montanari（2010）は、ローマへの観光フローが危機によってさほど大きな影響を受けなかったと結論している。これに対し、日本への観光客数の落ち込みははっきりと確認され、その後一定の期間を経て、経済危機前の水準に回復する動きが確かめられた。

　さて、日本政府観光局のデータによって、来日観光客の大陸別およびアジア諸国ごとの数字を知ることができる。ここでの分析は、危機の影響が最も深刻であった2008〜09年の変化に関して、である。観光客の出発大陸別の2009年の訪問客の構成をみると、アジアが70.9％であり、これに北アメリカの12.9％とヨーロッパの11.8％が続く。2008〜09年の変化率でみると、アジアの減少率が−21.8％と最も高く、これに、アフリカの−15.8％、南アメリカの−13.2％、オセアニアの−11.7％が続いた。

　次に、アジア諸国からの訪日客に関する2007年から2010年までの動向に目を向けてみよう（表Ⅲ−1）。表中の香港は、香港特別行政区のパスポートを所持する中国国籍の人をさす。経済危機前の2007年には、韓国と台湾からの入国者が100万人を超えており、これに中国が続いていた。2006〜2007年の変化率を見ると、ほとんどの国が増加を記録していた。しかし、2007〜2008年の増減率が、韓国・フィリピン・インドという3か国からの訪日客に関してはマイナスとなっており、既に訪日客の減少がみられる。2008〜2009年になると、0.6％の微増を示した中国を除くすべての国に減少が広がった。とりわけ、2008年の訪日客数の上位2か国であった韓国と台湾については、それぞれ−33.4％と−26.3％と、減少率の上位1位と2位を示すに至った（Wang 2010; Chan 2010）。それだけ経済危機の影響が強く表れることになった。

　来日の2つの目的（観光、商用）別にみると、韓国と台湾では、観光の減少率

表Ⅲ-1　国籍別・目的別訪日外国人数（2007～2010年）

国・地域	2007年の入国者数（千人）			2008年の入国者数（千人）		
	合計	観光	商用	合計	観光	商用
韓国	2,601（22.8）	2,084	381	2,382（-8.4）	1,893	347
台湾	1,385（5.8）	1,256	102	1,390（0.4）	1,264	95
中国	942（16.1）	407	216	1,000（6.2）	456	209
香港	432（22.6）	400	29	550（27.3）	513	33
タイ	167（33.2）	120	33	192（14.6）	144	32
シンガポール	152（31.1）	119	30	168（10.6）	137	28
マレーシア	101（17.8）	63	30	106（4.7）	70	27
フィリピン	90（-6.3）	46	19	82（-8.2）	43	18
インド	68（8.1）	21	28	67（-0.4）	22	27
インドネシア	64（7.1）	38	12	67（3.8）	41	12
ベトナム	32（24.5）	8	9	35（9.0）	9	8
イスラエル	13（8.0）	6	5	13（5.3）	7	5
その他のアジア	84（12.8）	33	23	101（20.5）	49	22

国・地域	2009年の入国者数（千人）			2010年の入国者数（千人）		
	合計	観光	商用	合計	観光	商用
韓国	1,587（-33.4）	1,154	292	2,440（53.8）	1963	335
台湾	1,024（-26.3）	913	80	1,268（23.8）	1139	95
中国	1,006（0.6）	482	182	1,413（40.4）	832	231
香港	450（-18.3）	418	27	509（13.2）	473	31
タイ	178（-7.5）	136	25	215（21.0）	166	31
シンガポール	145（-13.5）	121	21	181（24.6）	152	27
マレーシア	90（-15.3）	60	20	115（27.9）	80	25
フィリピン	71（-13.0）	38	13	77（8.2）	43	14
インド	59（-12.5）	20	22	67（13.4）	21	29
インドネシア	64（-4.5）	41	10	81（26.7）	53	13
ベトナム	34（-1.6）	10	7	42（22.3）	13	9
イスラエル	12（-7.3）	7	4	14（16.3）	9	5
その他のアジア	95（-6.5）	43	19	108（13.7）	52	22

注）「合計」の数の右にある（　）内の数字は、前年から当該年にかけての増加率（%）を示す。

（資料：日本政府観光局（JNTO））

が商用のそれより厳しかった。韓国は日本への最大の観光客送出国であったが、韓国のウォンに対する円高の進行と経済危機によって、同国からの観光は大きな打撃を受けた。これを埋めあわせるために、日本政府観光局は、「2009日本香港観光交流年」プロジェクトによって香港から多くの観光客を引きつけようとした（日本経済新聞 2009a）。しかし、香港からの観光客は18.3％の減少率を示した。

一方、中国からの来日に関して、商用は減ったが、日本の観光への関心の高まりと近年における経済成長を反映して、観光は45.6万人から48.2万人へと5.7％増加している。また、中国からの入国者は2008年から100万人を超えた。表Ⅲ-1に示されているように、他のアジア諸国からの入国者が軒並み減少した中にあって、中国は唯一増加を記録した。総人口の停滞や観光業の伸び悩みに直面している日本にとって、中国からの観光客の増加はそれを打ち消してくれる歓迎すべき動きであった。さらに、日本政府は、2009年7月から中国人の個人旅行客に対するビザ発給を開始したし、2010年7月からは発給条件を緩和した（外務省2011）。中国からの観光客の顕著な特徴は、他の国の観光客よりも多くのお金を使う傾向があることである。

表Ⅲ-1で注目されるのは、2009～2010年において、表中のすべての国で訪日外国人が顕著に増加したことである。例えば、2008～2009年から2009～2010年における増減率が、韓国-33.4％→53.8％、台湾-26.3％→23.8％、香港-18.3％→13.2％と減少から増加に転じているし、中国は0.6％→40.4％という大きな伸びを記録した。つまり、アジア諸国からの国際観光フローに関する限り、2010年末までに経済危機の影響から立ち直ったと言えよう。

4　日本における外国人労働者

次に、経済危機が外国人労働者にどのような影響を及ぼしたか検討する。なぜなら、移民は一般的に経済不況に対し脆弱だからである（OECD 2009：13）。

（1）外国人労働者の特定

まず、外国人労働者を特定するために、『登録外国人統計』を用いて確認したい。外国人数は、221.7万人（2008）→218.6万人（2009）→213.4万人（2010）であり、2008～2010年に減少が続いたが、特に2009～10年の減少が大きかった。外国人数は、不況の1990年代を含む、1962～2008年までの期間において一貫して増えてきたので、この減少は注目に値する（Ishikawa 2003）。言い換えると、2008年秋からの経済危機の影響は大きく、外国人の減少を引き起こすほど深刻であったことを意味している。

2008～09年における県別の外国人の増減率を見ると、東京大都市圏に含ま

れる１都３県ではわずかな増加が見られたが、−5.0％以上の顕著な減少が、群馬・富山・長野・岐阜・静岡・愛知・三重・滋賀で確認された。これらの県は外国人労働者に支えられている製造業（特に自動車産業と電気器具製造業）の拠点であり、彼らの雇用と住宅は仲介業者によって用意されることが多かった。2009年において、これら８県で登録された外国人人口の合計は53.6万人であり、国内の外国人人口の24.5％を占めていた。製造業部門が経済危機に対し脆いために外国人が減少したのであり、これはMartin（2009）の見解に合致している。

　次に、どの国籍の外国人が経済危機でより大きな打撃を受けたかについて確認するために、2007〜2010年における外国人人口の上位10国籍と増減率を表Ⅲ−2にまとめた。これによると、全国での外国人人口の増減率が、2008〜09年で−1.4％と2009〜2010年で−2.4％であり、減少が拡大している。つまり、経済危機の影響は、2010年までに収束というよりは拡大する傾向にあった。国籍別にみると、2008〜09年から2009〜2010年にかけて減少率が悪化しているか、増加から減少に転じたか、あるいは増加率が低下したのは、同表では７国籍となっている。2009〜2010年において、減少率の特に大きな上位２国籍はブラジル（−13.8％）とペルー（−4.9％）である。これは、南米の２か国出身の外国人への危機の影響がとりわけ顕著であったことを示唆している。

　両国の国籍を持っている外国人の主要な在留資格はよく似ており、永住者（ブラジル人の43.5％と2009年のペルー人の55.2％）と定住者（ブラジル人の37.9％とペルー人の29.1％）が多い。これら２国籍の外国人の大部分は、20世紀の初めから1960年代初頭にかけて、日本から南米に渡った移民の子孫であり、日本において自由に働ける資格を持っている。この点を強調するために、周知のように「日系」という表現がしばしば使われてきた。ブラジル人とペルー人の一定の割合は、日本での問題のない生活を続けた後に、定住者から永住者へと在留資格を変更している。

　要約すると、定住者あるいは永住者という在留資格で、製造業に就いているブラジル人とペルー人が、現代日本における外国人労働者の重要な部分と考えることができる。日系のブラジル人とペルー人が、今回の経済危機によってより深刻な影響を受けたことは、今日ではよく知られており、既存研究（例えば、梶田ほか 2005；Ishikawa and Liaw 2009；樋口 2010；Takenoshita 2017）で詳しく

表Ⅲ-2　国籍別の登録外国人数（2007〜2010年）

国籍	人口（人）				増減率（%）		
	2007年	2008年	2009年	2010年	2007〜2008年	2008〜2009年	2009〜2010年
中国	606,889	655,377	680,518	687,156	8.0	3.8	1.0
韓国・朝鮮	593,489	589,239	578,495	565,989	-0.7	-1.8	-2.2
ブラジル	316,967	312,582	267,456	230,552	-1.4	-14.4	-13.8
フィリピン	202,592	210,617	211,716	210,181	4.0	0.5	-0.7
ペルー	59,696	59,723	57,464	54,636	0.0	-3.8	-4.9
米国	51,851	52,683	52,149	50,667	1.6	-1.0	-2.8
タイ	41,384	42,609	42,686	41,279	3.0	0.2	-3.3
ベトナム	36,860	41,136	41,000	41,781	11.6	-0.3	1.9
インドネシア	25,620	27,250	25,546	24,895	6.4	-6.3	-2.5
インド	20,589	22,335	22,858	22,497	8.5	2.3	-1.6
その他	197,036	203,875	206,233	204,518	3.5	1.2	-0.8
全体	2,152,973	2,217,426	2,186,121	2,134,151	3.0	-1.4	-2.4

（資料：『登録外国人統計』）

検討されている。ちなみに、日系ブラジル人が多い県における彼らの失業率は40％を越えることさえあり、明らかに彼らが経済危機によって大きな困難に遭遇したことを示している。日本の労働市場における非正規労働者としての彼らの脆弱性と、彼らが社会経済的階梯を上昇する難しさが、今回の経済危機によって無情にも露呈することになった。

　しかし、Castles and Vezzoli（2009）の想定とは異なって、外国人労働力の高い失業率と解雇は、日本人の労働者よりも外国人労働者に関して顕著に観察された。これは、外国人労働力が分節化した労働市場を形成しているためと考えられる。しかも、経済危機によって労働市場の縮小を受けた、雇用をめぐる顕著な競合が、日本人労働者と外国人労働者の間で生じなかったことにも、言及しておきたい。

(2) 失職した外国人労働者への支援プログラム

　以上のような外国人労働者が直面した困難をめぐって、日系のブラジル人とペルー人を支援する計画が、厚生労働省と岐阜県によって策定されたことは注目に値する。この計画は、出身国への帰国の支援プログラムと再雇用のための研修プログラムの提供から構成されていた。この小節では、これらのプログラムの内容を紹介するとともに、その実績や評価について検討したい。

第1の厚生労働省のプログラムは、失業した日系の労働者の出身国への帰国を支援する手当の支給であり、2009年4月1日に始まり2010年3月31日に終了となった。申込者は30万円、その扶養親族は20万円を支給された。30日以上と60日以上の失業保険の受給資格のある人は、それぞれ10万円と20万円が支給された。しかし、当初は、このプログラムの応募者は、同じ在留資格で日本に再入国することはできない、とされた(厚生労働省2009a, b)。

この支援事業による出国者は21,675人に及んだが、その国籍の内訳はブラジル20,053人(92.5%)、ペルー903人(4.2%)、その他719人(3.3%)であった。このプログラムが多く利用された県は、愛知5,805人(26.8%)と静岡4,641人(21.4%)、三重1,681人(7.8%)、群馬1,458人(6.7%)、滋賀1,449人(6.7%)、長野1,345人(6.2%)、岐阜1,185人(5.5%)、などであった(厚生労働省2010a)。これらの県は、日系ブラジル人の居住者が多いことで知られていた。

なお、類似した支援策は、東海労働金庫(名古屋市)と連携した岐阜県によっても実施された。これは、失職した日系ブラジル人に帰国の航空券代の融資を行うもので、およそ1億円の資金が最初に用意された。申込者がこの融資を返済できない場合には、岐阜県が赤字を埋めることになっていた。このプログラムは、失業中の外国人労働者を自治体が支援する、おそらく最初の試みであった。岐阜県によると、約700人分の融資が予定されていた(中日新聞2009)。このプログラムの第1期は2009年3月、第2期は2009年9月から始まった。第1期には55家族(130人)の申請があり、2009年3月29日から4月27日の間に、33家族(77人)が帰国した(岐阜県国際課2009)。

第2の厚生労働省のプログラムは、再雇用を希望している外国人に3か月の研修を提供するものである。このプログラムの内容は、日本語コミュニケーション能力の向上、わが国の労働法令、雇用慣行、労働・社会保険制度等に関する知識の習得に係る講義・実習を内容とした就労準備研修であった。このプログラムは、日系人の集住する地域を対象に2009年5月に浜松市で開始され、他の地域に拡大することになっていた(厚生労働省2009b)。

これら2つのプログラムに対する評価や反応は、様々であった。帰国旅費の支給というプログラムに関しては、人道的な救済措置という好意的な評価があった。日系人労働力の再入国の制限は、国税によって進められる特別なプロ

ジェクトという性格上、やむを得ないという声があった。しかし、他の点については、批判が多かった（朝日新聞 2009；読売新聞 2009；日本経済新聞 2009c）。

第1に、厚生労働省の通知は、外国人労働者が日本を離れた後、母国にとどまらざるを得ない期間についてははっきりしていなかったので、このプログラムは、基本的に日系のブラジル人やペルー人から彼らの特権的な地位を奪い、本国送還に似たものである、という批判もあった。このような厳しい批判の後に、当時の河村官房長官は、外国人労働者が日本に再入国できない期間はおよそ3年であると、2009年5月に説明した。これは、このプログラムへの反対を弱めることになった。

第2に、一般的に、日系ブラジル人の間でのこの帰国支援プログラムに対する反応は、歓迎または賛成というよりはむしろ当惑であった。彼らの多くが日本で既に生活の足場を築いているうえ、ブラジルの経済状況が厳しいので、ブラジルやペルーで彼らが職にありつく見通しが厳しいうえ、日本への再入国が当初は難しいと言われていたからである。

第3に、このプログラムは2009年4月から始まったが、失業したブラジル人やペルー人の一部が2009年3月以前に日本を離れたようであり、帰国支援事業の開始が遅きに失したことである。2008年1月以降のブラジル人とペルー人の日本への入国、日本からの出国の月別データを示した図Ⅲ-5によると、ブラジル人の入国は、2008年9月から2009年2月に減少している。ブラジル人の出国は2008年9月に増加し始め、2009年の1月〜3月に毎月1.2万人を超えていた。ペルー人の出国は、数がだいぶ少ないが、似たような変化を示した。これは、この政府プログラムがブラジルとペルーへの彼らの実際の帰還より遅れたことを示唆している。

これらの3つの批判とは別に、外国人労働者の自発的な帰国を促すインセンティブを与えることによって経済危機のインパクトを和らげようとする過去のプログラムは、一般的にさほど成功していないとOECD（2009：63）が述べている。さらにまた、歴史的経験は、合法的な労働移動の機会が回復段階で制限されたままだと、特定の職種で労働力不足が生じ、非合法の労働移動の増加につながりかねない、とも述べている。こうした指摘の妥当性は、今後、日本の文脈で詳しく検討される必要があろう。

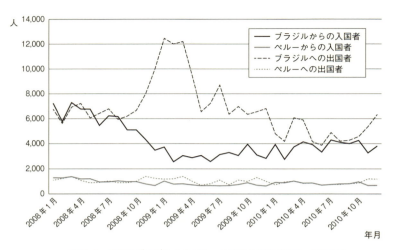

図Ⅲ-5　月別のブラジル人とペルー人の出入国数（2008～2010年）
(資料：『出入国管理統計年報』)

　厚生労働省の研修プログラムに関しては、2009年度に14県の63自治体で提供され、344のコースが6,298人に対し実施された（厚生労働省 2010b）。経済危機は2008年秋に発生したが、このプログラムは経済危機が生じてから一定の時間が過ぎた、翌年の5月からスタートしたので、その効果は短期的で限定的なものとどまるかもしれない。とはいえ、長期的な観点から見るならば、失業した外国人労働者の支援にむけた包括的なプログラムという点では評価できる。経済全体に対する強いショックは中・長期的な移民の長期の統合を危うくするかもしれないが（OECD 2009: 63)、厚生労働省の訓練プログラムはそのような統合を促す可能性を持っている。
　このプログラムに対する他の評価（樋口 2010；稲葉・樋口 2010: 99）にも、言及しておきたい。第1に、当初の目的に照らすと、一人当たりの研修時間181時間は、例えばオランダの510時間と比較して、少なすぎるという意見もある。第2に、そのようなプログラムを必要とする失業中の労働者の全体的な数を考えると、利用できた機会の数が少なすぎた。第3に、帰国支援プログラムのために用意された省の予算が研修プログラムの予算より約5倍多かったが、日本政府の方針に関する長期的な視点からは、後者のほうが前者よりずっと重要で

あった。実際、経済危機は、外国人労働者に関する、日本政府のそれまでの保守的な政策を変更するいいチャンスであったと、彼らは述べている。

5 小　　括

　本章では、日本人の国内移動と日本人の出国や外国人の入国という国際的な人のフローを含む多様な人口流動に対する経済危機の影響を検討した。得られた知見は次の3点に要約できる。

　第1に、2008年秋からの経済危機の影響は、エスニックな多数派としての日本人と少数派としての外国人の双方に関わる様々なカテゴリーの空間的流動に及んでおり、その意味で、日本での影響は広範にわたった。日本における人口の空間的流動は危機後に徐々に回復しつつあったが、国際観光フローを除いて、2010年末まで危機のインパクトから抜け出したとは言えない。第2に、影響の強さは、大都市圏と国籍によって異なった。日本人については東京大都市圏、外国人については、製造業に強い名古屋大都市圏とその隣接県の日系ブラジル人に深刻な影響を及ぼした。第3に、経済危機で失業した外国人労働者に対する日本政府の支援プログラムは、2009年の春からスタートしたが問題を含んでおり、特に帰国を促す支援事業は遅きに失したと言える。

　1990年代の不況と比較し、2008年から始まった世界経済危機の大きな違いは、南アメリカ出身の外国人労働者への深刻な影響が見られたことである。その結果、1990年代の不況期においてさえ見られなかった在留外国人の人口が減少するに至った。とはいえ、日本人労働者と外国人労働者の間に、減少した雇用をめぐっての顕著な競合は見られなかった。経済危機の影響は、人口流動の様々なカテゴリーに及んだが、その諸相を整理してカテゴリー間の相互比較を行い体系的に考察する作業は、これまでほとんど進んでおらず、今後の課題である。

　本章では、人口流動に対する経済危機の影響を2010年末までを対象として、主に短期的な観点から検討した。しかし、対象期間のこうした限定のために、世界経済危機の影響に関する包括的な検討は不十分であると言わねばならない。このテーマに関する綿密な研究のためには、OECD(2009: 13-14, 63-65)が指摘

するように、中・長期的な観点からの検討と短期的な観点からの知見を統合することが重要である。

　とはいえ、人口流動に対する経済危機のインパクトに関する本章の研究が、短期的で予備的な考察にとどまらざるを得ないやむない理由は、危機からの回復途上の2011年3月11日に、東日本大震災とその直後の東京電力福島第一発電所の事故が起こり、その影響が甚大であったことである。この災害や事故に起因する人口流動の変化やそれに関する政策提言も、大きな関心を寄せるべき重要なテーマであり、実際多くの成果が蓄積されつつある（例えば、Ishikawa 2012; 小田 2013; 日本学術会議東日本大震災復興支援委員会福島復興支援分科会 2014）。とはいえ、経済危機のインパクトに東日本大震災とその後の事故のインパクトが重なることになった。その結果、経済危機の人口流動へのインパクトを正確に分析したり、近い将来における見通しを得ることが著しく困難になった。この制約が、日本を舞台とした経済危機の影響の詳細な分析を予備的・短期的なものにとどめていることを、最後に述べておきたい。

第Ⅳ章　日本の国際人口移動
―― 人口減少問題の解決策となりうるか？ ――

1　はじめに

　多くのOECD諸国では、少子高齢化やそれに起因する人口減少の問題、あるいはその可能性を抱えており、出生率の回復や国際人口移動に大きな関心が向けられてきた（Coulmas and Lützeler 2011; OECD 2013; Barriga 2013）。日本も例外ではなく、1970年代中期からの出生率の長期的な低下により、少子高齢化が進んだ結果、総人口が2008年にピークに達し、人口減少が始まった。国立社会保障・人口問題研究所（2012）による長期推計によれば、今後、減少幅が年ごとに大きくなっていく。こうした中、人口減の解決策としての国際人口移動を通じた外国人の受け入れに寄せる期待が大きくなっている（安里 2011a; 毛受 2011, 2017; 北脇 2011; 坂中 2012）。

　なお、明石（2011b）は、日本における外国人労働者の受け入れをめぐる議論は、これまで3回見られたと述べている。1980年代後半頃の「第一次開国・鎖国論争」は、深刻な人手不足を背景に起こった。それから10年後の1990年代後半に始まる「第二次論争」は、労働需給の恒常的なミスマッチを踏まえていた。「第三次論争」は21世紀が始まって数年後から見られ、受け入れの根拠として人口減少を念頭に置いている、という。

　ところで、少子高齢化による人口減少の解決策として、United Nations（2001）が提起した補充移民の考えがある。が、この報告が出た直後の反応は、この報告が、数合わせを中心とした短絡的な議論をしている、具体的に示された移民数が巨大で非現実的である、出生率の回復が困難との前提にたった「第2の人口転換」論や新古典派経済学的視点で国際人口移動をとらえている、などといった意見が多く、評価は概して冷ややかで批判的であった（柳下 2001; 河内 2002）。とはいえ、この報告が刊行された当時、日本の総人口は依然増加を記録しており、それがこの補充移民論に対し距離をおいた、否定的な反応の一

因となったように思われる。しかし、2008年に日本の総人口がピークに達し、その後減少が始まってからは、この問題の厳しさが次第に広く認識されつつあるように思われる。

　以上を踏まえ、本章では、わが国の国際人口移動、とりわけ外国人の流入が、人口減少国となった日本にとって果たす役割を念頭に置き、2節で国際人口移動の推移を概観し、3節で国内における人口減少の地域差に言及し、それを補完する可能性のある外国人の流入の状況について述べる。次に4節では、2010年国勢調査の外国人の個票データを用いて、2005～2010年における外国人（主要4国籍）の流入について概観する。さらに、5節と6節で、国際結婚による流入と高度人材流入の優遇制度、の2つのテーマを取り上げて、人口減少問題の緩和にどのように貢献するのかを検討する。国際人口移動には多様なカテゴリーがあるが、これら2つは、その中の有力なカテゴリーであり、それぞれ、既に実績のある流入と、新しい政策の導入によって促進をめざそうとしている流入、にあたっている。最後の7節で結論を述べたい。

　なお、本書では主に、都道府県間における、特に人口減少の程度の差異に言及する際に「地域差」、人口のみならず社会経済的な様々な面での差異を念頭に置く場合に「地域格差」という語句を用いている。

2　日本の国際人口移動の推移

　国際人口移動は、国境を越える人の移動と定義される。が、その実態は多様である（Barriga 2013）うえ、そうした実態を正確に把握できる統計資料が揃っているとは言い難いため、国際人口移動の正確な把握は容易とは言えない。国内人口移動と比較すると、国際人口移動の研究には、次のような難しさがある（石川 2004）。

　国際人口移動にはしばしば、密航者や不法滞在者などが含まれるが、彼らは公式の統計には現れないか、あるいは現れにくい。さらに、人の国際移動の場合には、移動先の国における住所や滞在先が一時的・暫定的であることが珍しくないので、それが居住地の明確な変更を伴っているかどうかの判断が簡単ではない。このため、国際移動の研究では、移動先の国における滞在期間につい

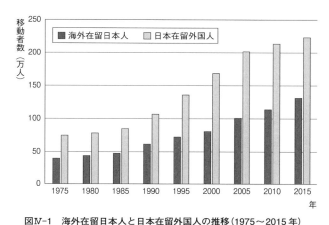

図Ⅳ-1　海外在留日本人と日本在留外国人の推移（1975〜2015年）
（資料：『在留外国人統計』および『海外在留邦人数調査統計』）

て一定の条件をつけることはあまりないし、居住地の変更がないと思われるような、短期間の空間的な流れも含めて議論することが少なくない。そのため、国際人口移動には、居住地変更を特に問題にしない人の流れと、変更があると想定しうる流れの2つのケースを分けて考えることができる。ここでは、前者をフローベースの移動、後者をストックベースの移動と呼んでおきたい。ストックベースのデータは、移動自体というよりは、移動の結果としての累積移動者数のデータと理解すべきである。

　ちなみに、日本の公的統計では、国内ないしは海外の移動先での滞在期間が3か月未満の人を短期的な移動者とみなし、それ以上の滞在期間のある人のデータが詳しく掲載される。この基準を踏まえると、移動先の国で3か月以上滞在する場合に、居住地変更があったとみなしていいことになる。なお、日本やいくつかの海外の国や地域における国際人口移動の現状と課題については、吉田・河野（2006）を参照いただくと、有り難い。

　フローベースの国際人口移動については、『出入国管理統計年報』を用い、日本の出入国者数の変化を把握できる。しかし、これに該当する移動者の大半は国際観光客と考えられるので、フローベースの国際移動についての記述は、ここでは紙幅の制約から割愛したい。ただし、これに関連する議論は、世界経済危機の影響を検討した本書第Ⅲ章で行った。

図IV-1 は、ストックベースの国際人口移動のデータとして、1975 年以降を対象に、『在留外国人統計』に記載された日本在住の外国人と、『海外在留邦人数調査統計』に記載された海外在住の日本人の数を示したものである。海外在留日本人は、日本企業の海外展開が見られ始めた 1970 年代以降、徐々に数が増え、2015 年において 132 万人に達している。それに対し、在留外国人は 1975 年から 1985 年までは 75 万人から 85 万人へと、ゆるやかに増加していた。しかし、日本経済が好景気に沸いた 1980 年代後半に労働力不足が生じ、それを埋めるために外国人労働力が大量に流入することになった。1980 年代前半以前に外国人の流入が少なかったのは、国内の農村部に余剰労働力が大量に滞留しており、これが、外国人労働力に代わる役割を担ったからと考えられる。1990 年代以降は不況になったが、外国人の流入はやむことなく続いた。外国人の出身国と日本との間に大きな賃金格差があるため、日本で就労するメリットが広く知られるとともに、いったん流入した外国人の間で社会的ネットワークができあがったからである。2015 年における在留外国人は、223 万人である。

図IV-1 に関連し重要なのは、わが国の総人口が 2008 年の 1.28 億人をピークとして、以降減少が始まり、今後減少幅が次第に大きくなっていくこと、および、これはあくまで全国レベルのことであり、国内には、人口減少に関し大きな地域差があることである（国立社会保障・人口問題研究所 2013）。特定の国を対象とした国際人口移動は、様々な観点から論じることができようが、日本に視点を限定すると、このような問題が日本在留外国人の増加によってどの程度補完されるか、という観点が重要であろう。

なお、日本における在留外国人の数が 2007 年までは増加を続けたが、2008 年に発生した世界経済危機と 2011 年に発生した東日本大震災の影響で、2009〜2012 年に減少を続けた在留外国人の数は、2012 年以後増加を記録している。このような変化や、現代世界におけるグローバリゼーションの進展を念頭に置くと、わが国を舞台とした国際人口移動は今後も増え、外国人流入が継続する可能性が大きいように思われる。

3　人口減少の地域差と外国人の流入

　次に、国内における人口減少の地域差に目を向けたい。この点で注目される
のは、1980年代に東京が世界都市化の動きを示し、国内移動に関する東京の
吸引力が高まり、地方圏では転出が加速したことである（Ishikawa and Fielding
1998）。この結果、東京圏と大阪圏・名古屋圏の間に格差が生じることになった。

　表Ⅳ-1は、1975年以降の国勢調査実施年における全国および都道府県の
人口を、ピーク時の人口を100.00とする指数で示したものである（100.00には
網かけをしている）。三大都市圏に含まれる埼玉、千葉、東京、神奈川、岐阜、
愛知、三重、京都、大阪、兵庫、奈良の11都府県のうち、埼玉・千葉・東京・
神奈川・愛知では、ピークが2015年となっている。それ以外の府県のピークは、
岐阜・奈良が2000年、三重・京都・兵庫が2005年、大阪が2010年となっており、
東京圏の人口増の傾向が明らかである。地方圏に目を向けると、とりわけ東北、
中国、四国、九州に位置する諸県では、国内移動に関する東京の吸引力が強化
される直前の1985年に人口がピークとなり、その後減少が始まった県が少な
くない。

　つまり、全国の人口は、2009年から減少し始めたが、一部の県では人口減
はずっと早く始まっている。地方圏では、人口再生産に必要な後継者が充足さ
れず、死亡が出生を上回る自然減少が進行しており（丸山・大江2008）、人口減
関連の諸問題は、限界集落が多数見られることをはじめ、かなり深刻な状態に
至っている（作野2011）。地方圏における若年（20歳代〜30歳代）の女子人口の流
出が現状のまま進むと、消滅の可能性のある自治体が多数にのぼる、という予
測もある（増田2014）。これは、地方圏の衰退が国立社会保障・人口問題研究所
（2013）による将来推計よりずっと早くなることを意味している。こうした厳し
い状況を念頭に置くと、日本全体にとってのみならず、地方圏に位置する県に
とって、その人口減を国際人口移動が補完できるのかどうかを、検討する必要
がある（鈴木2011）。

　1980年後半以降、ヒトのみならず、モノ、カネの東京圏への一極集中が強
まっている。日本では、三大都市圏とそれ以外という2大区分がよく使われる

72　　第Ⅳ章　日本の国際人口移動

表Ⅳ-1　全国および都道府県の人口の推移（1975～2015年）

	1975	1980	1985	1990	1995	2000	2005	2010	2015
全国	87.4	91.4	94.5	96.5	98.1	99.1	99.8	100.0	99.2
北海道	93.8	98.0	99.8	99.1	100.0	99.8	98.9	96.7	94.5
青森	96.3	100.0	100.0	97.3	97.2	96.8	94.2	90.1	85.8
岩手	96.6	99.2	100.0	98.8	99.0	98.8	96.6	92.8	89.3
宮城	82.7	88.0	92.0	95.1	98.5	100.0	99.8	99.3	98.7
秋田	98.1	100.0	99.8	97.7	96.6	94.6	91.1	86.4	81.4
山形	96.7	99.2	100.0	99.7	99.6	98.6	96.4	92.6	89.1
福島	92.4	95.4	97.5	98.6	100.0	99.7	98.0	95.1	89.7
茨城	78.4	85.7	91.3	95.3	99.0	100.0	99.6	99.5	97.7
栃木	84.2	88.9	92.5	96.0	98.4	99.4	100.0	99.6	97.9
群馬	86.7	91.3	94.9	97.1	98.9	100.0	100.0	99.2	97.4
埼玉	66.3	74.6	80.7	88.1	93.0	95.5	97.1	99.0	100.0
千葉	66.7	76.1	82.7	89.3	93.2	95.2	97.3	99.9	100.0
東京	86.4	86.0	87.5	87.7	87.1	89.3	93.1	97.4	100.0
神奈川	70.1	75.9	81.4	87.4	90.4	93.0	96.3	99.1	100.0
新潟	96.1	98.5	99.6	99.4	100.0	99.5	97.7	95.4	92.6
富山	95.3	98.2	99.6	99.7	100.0	99.8	99.0	97.3	94.9
石川	90.6	94.8	97.6	98.6	99.9	100.0	99.4	99.1	97.7
福井	93.3	95.8	98.6	99.4	99.8	100.0	99.1	97.3	94.9
山梨	88.2	90.6	93.8	96.0	99.3	100.0	99.6	97.2	94.0
長野	91.1	94.1	96.5	97.4	99.0	100.0	99.1	97.2	94.7
岐阜	88.6	93.0	96.2	98.0	99.6	100.0	100.0	98.7	96.4
静岡	87.2	90.9	94.3	96.8	98.6	99.3	100.0	99.3	97.6
愛知	79.2	83.1	86.3	89.4	91.8	94.1	96.9	99.0	100.0
三重	87.1	90.4	93.6	96.0	98.6	99.5	100.0	99.3	97.3
滋賀	69.8	76.4	81.8	86.5	91.1	95.0	97.7	99.8	100.0
京都	91.6	95.5	97.7	98.3	99.3	99.9	100.0	99.6	98.6
大阪	93.4	95.6	97.8	98.5	99.2	99.3	99.5	100.0	99.7
兵庫	89.3	92.0	94.4	96.6	96.6	99.3	100.0	100.0	99.0
奈良	74.7	83.8	90.4	95.3	99.2	100.0	98.5	97.1	94.6
和歌山	98.6	100.0	100.0	98.8	99.4	98.4	95.3	92.2	88.6
鳥取	94.4	98.1	100.0	100.0	99.8	99.6	98.5	95.6	93.1
島根	96.8	98.8	100.0	98.3	97.1	95.8	93.4	90.3	87.4
岡山	92.7	95.6	97.9	98.4	99.7	99.7	100.0	99.4	98.2
広島	91.8	95.1	97.8	98.9	100.0	99.9	99.8	99.3	98.7
山口	97.1	99.1	100.0	98.2	97.1	95.4	93.2	90.6	87.7
徳島	96.4	98.8	100.0	99.6	99.7	98.7	97.0	94.1	90.5
香川	93.6	97.4	99.6	99.7	100.0	99.6	98.6	97.0	95.1
愛媛	95.8	98.5	100.0	99.0	98.5	97.6	95.9	93.6	90.5
高知	96.3	99.0	100.0	98.2	97.3	96.9	94.8	91.0	86.7
福岡	84.2	89.3	92.5	94.3	96.7	98.3	99.0	99.4	100.0
佐賀	94.7	97.9	99.5	99.3	100.0	99.1	98.0	96.1	94.2
長崎	98.6	99.8	100.0	98.1	96.9	95.1	92.8	89.5	86.4
熊本	92.2	96.3	98.8	99.0	100.0	100.0	99.1	97.7	96.0
大分	95.2	98.3	100.0	98.9	98.5	97.7	96.7	95.7	93.3
宮崎	92.3	97.9	100.0	99.4	100.0	99.5	98.1	96.5	93.9
鹿児島	94.8	98.1	100.0	98.8	98.6	98.2	96.4	93.8	90.6
沖縄	72.7	77.2	82.2	85.3	88.8	92.0	95.0	97.2	100.0

注）ピーク時の人口を100.00とする指数で示している。

（資料：『国勢調査』）

が、前者を中心部、後者を周辺部と呼ぶことも可能である（本章では、周辺部＝地方圏としている）。人口減少時代を迎えた日本においては、中心部vs周辺部あるいは東京圏vs非東京圏の格差の拡大が懸念されるが、国際人口移動がこうした問題の是正にどの程度貢献するのか、が問われねばならない。日本の人口減少が間近となった世紀の変わり目の頃から、それまでの国土政策の重要なスローガンであった「国土の均衡ある発展」は影を潜め、「地域の自律的発展」が唱えられるようになった（近藤 2011）。こうしたスローガンの転換にはやむを得ない面があるが、拡大しつつある地域格差の是正に対して、外国人が貢献しうるのか否かが、重要な検討課題となる。

　この意味で、外国人の分布や移動が重要な関心事となる。一般的に、移民は特定の国の主要大都市に集中することが知られており（山下 2008）、日本でも同様の傾向がある。ちなみに、次章の表Ⅴ–1によると、全国における外国人総数のうち、東京圏が40.98％、名古屋圏が12.23％、大阪圏が16.39％を占めており、三大都市圏への集中が著しい。しかし、興味深いことに、一部のOECD諸国において近年、国土の周辺部や農村部へ移民の分散が進行しているとの報告がある（Liaw and Frey 2007; Hugo and Morén-Alegret 2008; Parrado and Kandel 2008; Wulff *et al.* 2008; Stillwell and Hussain 2010; Collantes *et al.* 2014）。

　近年の日本における日本人と外国人の分布変化や移動は、上述した格差拡大と表現できる状況の是正に貢献しているのであろうか？　この点を確認するために、2013〜2016年における日本人と外国人の全国および都道府県別の増減数を図Ⅳ–2にまとめた。

　この期間において、全国で、日本人は50.2万人の減少を示したが、外国人は19.4万人の増加を示した。単純な言い方をすれば、全国レベルでは、外国人の増加は日本人の減少の4割弱を補完したことになる。都道府県別にみると、日本人は9都府県で増加しているにすぎず、うち、埼玉・東京・神奈川・愛知・沖縄はいずれも1万人以上の増加となっている。それ以外の38道府県では減少を記録している。それに対し、外国人は40都道県で増加しているが、多くは1,000人以下の微増にとどまっている。1万人以上増加したのは、埼玉・千葉・東京・神奈川・愛知の1都4県に過ぎない。外国人の東京圏集中が顕著であり、日本人が人口減少を記録している諸県での補完は、ほとんど観察されな

第Ⅳ章　日本の国際人口移動

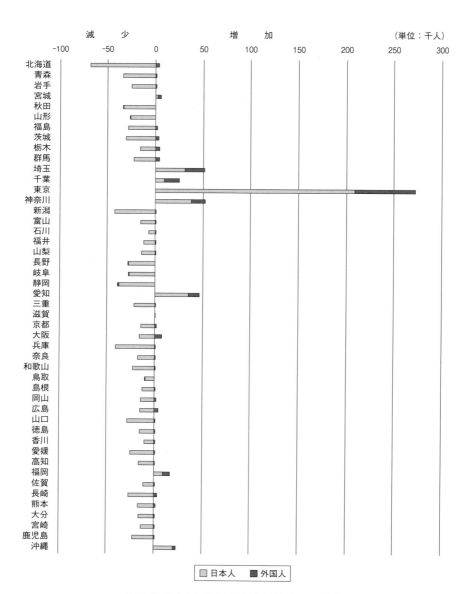

図Ⅳ-2　日本人と外国人の増減数(2013〜2016年)
(資料:『住民基本台帳に基づく人口、人口動態及び世帯数調査』)

い。つまり、外国人の増加は人口減少の目立つ地方圏の諸県においてこそ必要であるが、こうした補完はほとんど見られない。なお、市町村という空間的スケールでも補完の現状に関する分析が行われているが（清水ほか 2016; 清水 2017）、全体的に補完はほとんど進んでいないと言っていい。

また、外国人の人口移動の際の目的地選択の動向についても、確認しておきたい（リャウ・石川 2007; 石川・リャウ 2007; 石川ほか 2014）。1995〜2000 年および 2005〜2010 年の 2 つの期間における外国人の新規流入移動や国内移動の際の目的地選択では、東京圏指向が顕著であった。とはいえ、1995〜2000 年には、愛知、静岡、岐阜、三重、長野など、名古屋大都市圏やそこに隣接した製造業の活発な地域も、外国人の重要な吸引地であったが、2005〜2010 年には、愛知を除き、それ以外の県では吸引力が弱まった。2008 年からの世界経済危機による不況が日系ブラジル人を直撃し、2010 年までにその影響から回復していなかったからである。その結果、東京圏が目的地として選択される傾向が強まることになった。要するに、残念ながら、外国人の目的地選択が国内の地域格差を是正する方向に展開してきたとは言えない。

4　外国人の新規流入の動向

本節では、日本の国際人口移動、特に海外から日本への移動を扱う。このテーマを扱う場合、データソースとしては、前述した『出入国管理統計年報』や『在留外国人統計』がある。しかし、外国人の日本への流入を地理学的にとらえる場合、目的地の情報としては、詳しい空間的スケール、少なくとも、県レベルのデータを利用できることが望ましい。

公的統計の中でこの条件を満たすのは、『在留外国人統計』と『国勢調査』である。このうち、在留資格以外の外国人の情報が詳しく調査されているのは、『国勢調査』である。しかし、日本における外国人の人口比率が 2％にも満たないため、この報告での調査結果が、日本人と同様の詳しさでは得られず、公刊される報告には、一般的に集計化の進んだレベルのデータのみが掲載されている。そのため、外国人の流入移動に関する詳細な分析には不十分である。

そのため、同調査の外国人の個票データを、総務省統計局から入手して、分

析作業を進めざるを得ない。海外の移民あるいは日本国内の外国人に関する研究では、国勢調査あるいはこれに匹敵する統計(アメリカ合衆国の場合、アメリカン・コミュニティ・サーベイ)の個票データが有力なデータソースとなる。このような研究の事例としては、石川(2007: 191-337)、石川ほか(20014, 2018)、Liaw and Ishikawa (2011)、Korekawa (2015)、Hanaoka and Takeshita (2015)、花岡・リャウ(2015)、花岡ほか(2017)などがある。こうした個票データは貴重な情報の宝庫であり、移民あるいは外国人に関する今後の研究で積極的に利用され得よう。

　本節の以下で用いるデータは、竹下修子教授(愛知学院大学)が総務省統計局に申請して提供された2010年国勢調査の外国人個票データのうち、2005～2010年の移動の部分を利用した分析の結果である。明らかになった点は、2000年国勢調査データに基づいて、1995～2000年における同様の目的地選択を検討したリャウ・石川(2007)の結果との比較を行う。

(1) データ

　2010年の『国勢調査』における外国人の総数は、1,648,037人である。この数から、親と同居している可能性の大きな14歳以下の人口149,744人を除外した15歳以上の該当者1,498,293人のうち、5年前の前住地が不明の者を除いた後、2005年時点の前住地に関する6つの類型別の該当者数に示すと、「現住所」507,113人、「自市区町村内」149,931人、「自市内他区」35,306人、「県内他市区町村」63,300人、「他県」81,876人、「転入(国外から)」340,042人となる。

　ここでの分析対象は、「転入(国外から)」の該当者のうち、①国籍が中国、韓国・朝鮮、ブラジル、フィリピンの上位4国籍のいずれか、かつ、②教育水準が、高校卒業未満、高校卒業、短大卒業、大学卒業のいずれか、という2つの条件を満たす外国人177,480人である。なお、教育水準不詳や年齢不詳の外国人は、上記の数に含まれていない。ここでのエスニシティに関する情報は、国勢調査における国籍に関する質問から得られるので、「エスニシティ」と「国籍」を交換可能な用語として使用する。以下、エスニシティ別と教育水準別に流入者の属性を検討し、さらに、世帯主の続き柄別に女性流入者の構成を検討しておきたい。

4　外国人の新規流入の動向　　77

表Ⅳ-2　新規流入者のエスニシティ別の目的地選択

エスニシティ	47都道府県への流入者総数（人）	第1位の目的地（%）		第2位の目的地（%）		第3位の目的地（%）		第4位の目的地（%）		第5位の目的地（%）		上位5県の合計比率（%）	エントロピー（ビット）
新規流入者全体													
総数	340,042	東京	12.4	愛知	8.8	神奈川	5.9	埼玉	5.1	千葉	5.1	37.3	4.94
在学中の新規流入者													
総数	73,552	東京	20.1	福岡	6.3	大阪	6.3	神奈川	6.1	愛知	5.4	44.2	4.62
卒業した新規流入者													
総数	264,953	東京	10.3	愛知	9.7	神奈川	5.9	埼玉	5.1	千葉	5.1	36.1	4.96
韓国・朝鮮	14,168	東京	32.1	神奈川	9.2	大阪	8.3	埼玉	7.5	千葉	6.3	63.4	3.93
中国	139,868	愛知	8.3	東京	7.5	岐阜	5.4	千葉	5.3	埼玉	4.8	31.4	5.10
ブラジル	16,034	愛知	23.4	静岡	14.4	岐阜	6.4	三重	5.8	群馬	5.1	55.2	3.99
フィリピン	27,161	愛知	13.4	静岡	7.7	東京	7.1	神奈川	6.6	埼玉	5.8	40.6	4.80

注）表中の数字は、在学者あるいは卒業者であるのかについての項目が欠損値となっている人を除外している。

（資料：2010年国勢調査の個票データ）

(2) エスニシティによる差異

　さて、2005年に国外に居住していたが、2010年の国勢調査時に日本国内に居住し、2005～2010年に国際人口移動をしたとみなしうる、日本以外の国籍を持つ人を、ここでは新規流入者と呼ぶ。15歳以上の新規流入者340,042人のうち、ここで対象とするのは、韓国・朝鮮、中国、ブラジル、フィリピンの4国籍のいずれかを有し、在学中の流入者を除く、卒業した197,231人である（表Ⅳ-2）。以下では、これらの上位4国籍を占め、日本に多くの流入者を送り出している韓国・朝鮮（卒業した新規流入者総数264,953人の5.3%）、中国（52.8%）、ブラジル（6.1%）、フィリピン（10.3%）からの新規流入者に焦点を当てる。なお、同じ条件を持つ1995～2000年の新規流入者数（リャウ・石川2007：268）と比較すると、中国が5.8万人の増加、ブラジルが5.9万人の減少となっている。

　4国籍の新規流入者の主要目的地をみると、総数では、東京、愛知、神奈川、埼玉、千葉の順になり、愛知を除けば、東京大都市圏を構成する南関東の1都3県が上位を占めている。しかし、国籍別の主要目的地には違いが見られ、韓国・朝鮮では大阪が第3位に入っている。中国、ブラジル、フィリピンでは、愛知が第1位の目的地となっているし、ブラジルやフィリピンについては、他に静岡、岐阜、三重、群馬も見られる。あらためて述べるまでもなく、これら

は製造業に強い諸県として有名であり、製造業雇用と外国人の新規流入の関係の強さをうかがわせる。

　なお、表Ⅳ-2に関する重要な地理学的関心は、新規流入外国人の目的地が、47都道府県の中の少数の県に集中する傾向が強いのか、あるいは多数の県に分散する傾向が強いのか、という点である。これを知るために、表中の右端の2列に上位5県の合計比率（％）とエントロピーを掲げた。エントロピー測度は、$\Sigma\, p_i \ln(1/p_i)/\ln 2$と定義される。ここで、$p_i$は移動者全体の中での$i$番目の県の占める割合、$\Sigma$は47都道府県に対してなされる。この測度は目的地選択パターンの分散度を示す。ここでは目的地が47あるので、このエントロピー測度は、最小値0.0ビット（全移動者が1つの県に集中した場合）と最大値5.55ビット（移動者が47都道府県に全く均等に分散した場合）の範囲を動く。取り上げた4国籍の中では、韓国・朝鮮の集中が最も顕著で、ブラジルがそれに次ぐ。フィリピンは卒業した新規流入者全体の傾向に近い一方、中国は目的地の分散が目立つ。リャウ・石川（2007：268）との大きな違いは、中国からの新規流入者の目的地の分散が進んだことである（上位5県の合計比率42.0％→31.4％：エントロピー4.81→5.10）。

(3) 教育水準による差異

　日本への新規流入外国人による目的地選択は、エスニシティおよび教育水準の違いに応じて、異なっている（表Ⅳ-3）。教育水準別の該当者数の割合を、1995〜2000年の総数272,308人と今回の総数237,172人に関してみると、その構成比率は、高校卒業未満22.6％→25.6％、高校卒業41.9％→40.0％、短大卒業9.0％→8.6％、大学卒業26.5％→25.8％、と大きな変化はない（リャウ・石川2007：273）。

　教育水準の違いによる目的地選択の際の分散度を、上位5県の合計比率とエントロピーから見ると、フィリピンは、高校卒業未満、高校卒業、短大卒業、大学卒業の4つのカテゴリーの間にわずかな差しかない。しかし、韓国・朝鮮と中国は、教育水準が低いほど分散し、高くなるにつれ集中する傾向が目立つ一方、ブラジルはその逆で、教育水準が低いほど集中し、高くなるにつれ分散する傾向がある。こうした特色は、1995〜2000年の期間に既におおむね形成されていた（リャウ・石川2007：273）。

4 外国人の新規流入の動向

表Ⅳ-3 新規流入者のエスニシティ別・教育水準別の目的地選択

エスニシティと教育水準	47都道府県への流入者総数（人）	第1位の目的地	(%)	第2位の目的地	(%)	第3位の目的地	(%)	第4位の目的地	(%)	第5位の目的地	(%)	上位5県の合計比率（%）	エントロピー（ビット）
総数													
高校卒業未満	60,781	愛知	8.1	岐阜	7.3	茨城	6.2	北海道	4.7	静岡	4.0	30.3	5.18
高校卒業	94,855	愛知	11.2	静岡	6.2	東京	5.6	埼玉	4.7	岐阜	4.6	32.4	5.03
短大卒業	20,296	東京	13.3	愛知	10.4	神奈川	7.3	埼玉	6.8	千葉	6.0	43.9	4.71
大学卒業	61,240	東京	21.6	神奈川	10.4	愛知	7.3	千葉	6.9	埼玉	6.5	52.7	4.43
韓国・朝鮮													
高校卒業未満	336	大阪	12.5	東京	11.6	神奈川	8.3	宮城	7.7	埼玉	5.4	45.5	4.52
高校卒業	3,021	東京	19.8	大阪	9.7	埼玉	7.4	神奈川	7.2	千葉	6.0	50.1	4.38
短大卒業	1,633	東京	34.9	神奈川	9.2	埼玉	8.9	大阪	8.5	千葉	7.9	69.4	3.69
大学卒業	7,659	東京	35.9	神奈川	10.3	大阪	7.4	埼玉	7.4	千葉	6.4	67.3	3.73
中国													
高校卒業未満	48,559	岐阜	7.9	愛知	6.5	茨城	6.1	北海道	5.6	長野	3.9	29.9	5.20
高校卒業	49,407	愛知	9.5	岐阜	5.7	東京	4.8	千葉	4.6	埼玉	4.2	28.7	5.13
短大卒業	9,796	東京	12.0	愛知	10.3	埼玉	7.0	千葉	6.7	神奈川	6.6	42.6	4.79
大学卒業	19,223	東京	20.5	神奈川	11.3	千葉	11.3	埼玉	9.1	愛知	7.4	59.6	4.18
ブラジル													
高校卒業未満	3,742	愛知	22.7	静岡	18.9	岐阜	7.6	群馬	6.9	滋賀	5.7	61.9	3.77
高校卒業	8,438	愛知	22.6	静岡	14.8	岐阜	6.8	三重	5.9	福井	5.9	55.9	3.97
短大卒業	493	愛知	22.9	静岡	13.4	三重	7.5	岐阜	6.7	滋賀	4.9	55.4	4.03
大学卒業	1,437	愛知	21.7	静岡	11.3	神奈川	6.5	東京	6.1	埼玉	5.8	51.4	4.14
フィリピン													
高校卒業未満	3,013	愛知	12.7	静岡	9.1	岐阜	5.8	茨城	5.7	埼玉	5.6	38.9	4.83
高校卒業	12,867	愛知	12.9	静岡	8.8	広島	6.1	東京	6.1	神奈川	5.7	39.6	4.83
短大卒業	2,328	愛知	11.8	広島	7.9	東京	7.7	静岡	6.7	神奈川	6.2	40.2	4.77
大学卒業	5,528	愛知	10.3	神奈川	9.4	東京	8.2	静岡	6.8	埼玉	5.8	40.5	4.77

（資料：2010年国勢調査の個票データ）

(4) 世帯主との続き柄による差異

　既存研究（リャウ・石川 2007；落合ほか 2007；Liaw *et al.* 2010；石川ほか 2018）では、新規流入外国人（特に女性）が国際結婚を有力な入国戦略としているという見方の妥当性が確認されている。さらに、東北地方への女性流入者の移動に関連する要因として、直系家族制度による外国人花嫁需要の重要性についても、確認された。ここでも、それが依然重要であるのか否かを検討するために、新規流入女性を世帯主との続き柄から、(1)「妻」（世帯主の妻）、(2)「嫁」（世帯主の息子の妻）、(3)その他、の3つに分類した（表Ⅳ-4）。同一世帯の中に

表IV-4 世帯主との続き柄別にみた女性新規流入者数

都道府県	人数				比率(%)			全国平均からのずれ(%)		
	妻	嫁	その他	総数	妻	嫁	その他	妻	嫁	その他
北海道	627	43	5,383	6,053	10.4	0.7	88.9	-20.6	-2.2	22.8
青森	151	51	832	1,034	14.6	4.9	80.5	-16.4	2.0	14.4
岩手	330	111	1,538	1,979	16.7	5.6	77.7	-14.3	2.7	11.6
宮城	717	115	1,822	2,654	27.0	4.3	68.7	-4.0	1.4	2.6
秋田	128	49	1,047	1,224	10.5	4.0	85.5	-20.5	1.1	19.4
山形	365	143	1,191	1,699	21.5	8.4	70.1	-9.5	5.5	4.0
福島	609	131	1,336	2,076	29.3	6.3	64.4	-1.7	3.4	-1.7
茨城	1,708	133	3,779	5,620	30.4	2.4	67.2	-0.6	-0.5	1.1
栃木	1,088	126	1,808	3,022	36.0	4.2	59.8	5.0	1.3	-6.3
群馬	1,316	129	2,216	3,661	35.9	3.5	60.5	4.9	0.6	-5.6
埼玉	4,346	336	4,565	9,247	47.0	3.6	49.4	16.0	0.7	-16.7
千葉	4,129	298	4,994	9,421	43.8	3.2	53.0	12.8	0.3	-13.1
東京	9,459	414	13,196	23,069	41.0	1.8	57.2	10.0	-1.1	-8.9
神奈川	5,789	306	4,633	10,728	54.0	2.9	43.2	23.0	-0.1	-22.9
新潟	779	197	1,857	2,833	27.5	7.0	65.5	-3.5	4.1	-0.5
富山	582	167	1,885	2,634	22.1	6.3	71.6	-8.9	3.4	5.5
石川	370	55	1,752	2,177	17.0	2.5	80.5	-14.0	-0.4	14.4
福井	383	75	1,932	2,390	16.0	3.1	80.8	-15.0	0.2	14.7
山梨	528	46	929	1,503	35.1	3.1	61.8	4.1	0.2	-4.3
長野	1,296	213	2,520	4,029	32.2	5.3	62.5	1.2	2.4	-3.5
岐阜	1,389	200	6,398	7,987	17.4	2.5	80.1	-13.6	-0.4	14.0
静岡	2,892	326	4,081	7,299	39.6	4.5	55.9	8.6	1.6	-10.2
愛知	6,351	475	10,311	17,137	37.1	2.8	60.2	6.1	-0.1	-5.9
三重	1,045	91	3,197	4,333	24.1	2.1	73.8	-6.9	-0.8	7.7
滋賀	810	102	1,601	2,513	32.2	4.1	63.7	1.2	1.2	-2.4
京都	853	68	2,424	3,345	25.5	2.0	72.5	-5.5	-0.9	6.4
大阪	2,982	185	4,838	8,005	37.3	2.3	60.4	6.2	-0.6	-5.7
兵庫	1,819	165	4,238	6,222	29.2	2.7	68.1	-1.8	-0.3	2.0
奈良	264	27	888	1,179	22.4	2.3	75.3	-8.6	-0.6	9.2
和歌山	197	30	466	693	28.4	4.3	67.2	-2.6	1.4	1.2
鳥取	172	35	915	1,122	15.3	3.1	81.6	-15.7	0.2	15.5
島根	280	51	1,294	1,625	17.2	3.1	79.6	-13.8	0.2	13.5
岡山	634	114	3,394	4,142	15.3	2.8	81.9	-15.7	-0.2	15.8
広島	1,183	111	3,795	5,089	23.2	2.2	74.6	-7.8	-0.7	8.5
山口	307	39	1,606	1,952	15.7	2.0	82.3	-15.3	-0.9	16.2
徳島	215	30	1,537	1,782	12.1	1.7	86.3	-18.9	-1.2	20.2
香川	278	31	1,442	1,751	15.9	1.8	82.4	-15.1	-1.1	16.3
愛媛	261	23	2,143	2,427	10.8	0.9	88.3	-20.2	-2.0	22.2
高知	129	15	527	671	19.2	2.2	78.5	-11.8	-0.7	12.4
福岡	1,419	116	3,828	5,363	26.5	2.2	71.4	-4.5	-0.7	5.3
佐賀	139	39	989	1,167	11.9	3.3	84.7	-19.1	0.4	18.7
長崎	206	23	1,657	1,886	10.9	1.2	87.9	-20.1	-1.7	21.8
熊本	453	74	1,684	2,211	20.5	3.3	76.2	-10.5	0.4	10.1
大分	319	27	2,714	3,060	10.4	0.9	88.7	-20.6	-2.0	22.6
宮崎	176	32	905	1,113	15.8	2.9	81.3	-15.2	0.0	15.2
鹿児島	297	32	1,465	1,794	16.6	1.8	81.7	-14.4	-1.1	15.6
沖縄	247	22	397	666	37.1	3.3	59.6	6.1	0.4	-6.5
全国	60,017	5,621	127,949	193,587	31.0	2.9	66.1	0.0	0.0	0.0

(資料:2010年国勢調査の個票データ)

2人の既婚の息子が同居することは日本ではめったにないので、「嫁」と分類された新規流入者は、直系家族に加わった外国人花嫁である可能性がかなり高い。1995〜2000年（リャウ・石川2007: 276）と比べ、2005〜2010年では、全国での数は、「妻」は82,563人→60,017人と27.3％の減少、「嫁」は7,460人→5,621人と24.7％減少している。こうした大きな減少は、第Ⅰ章の図Ⅰ-1に示した、近年の国際結婚件数の減退と軌を一にするものであろう。

　この分類によれば、「妻」の占める比率は全国平均で31.0％であるが、これを大きく上回っているのは、埼玉・千葉・東京・神奈川であり、南関東において日本人男性と外国人女性の国際結婚が多く発生していることがわかる。また、新規流入女性のわずか2.9％だけが「嫁」に該当しているが、このことは、直系家族制度を維持するための外国人花嫁への需要が、日本全体としてはさほど重要でないことを示唆している。しかし、表Ⅳ-4の、東北地方6県の新規流入女性にしめる「嫁」の割合は、青森4.9％、岩手5.6％、宮城4.3％、秋田4.0％、山形8.4％、福島6.3％と、6県すべてで全国平均より高い。この割合が、東北地方に隣接する新潟では7.0％、富山では6.3％であり、これも全国平均よりはるかに高い。この知見は、直系家族制度を維持したいという望みが、外国人労働者にとっての魅力が乏しい農村部・周辺部に、外国人女性が向かう有力な原因となっていることを物語るものであろう。

5　国際結婚による流入

　現代の日本では、国際結婚によって外国人が流入し、「日本人の配偶者等」という在留資格で定住する事例が多数見られる。その意味で、国際結婚は、わが国の国際人口移動の重要な一角を占めている。国際結婚による外国人の流入は、人口減少時代を迎えた日本にとって、貴重で歓迎すべきことである。日本における国際結婚の様相については、既に本書の第Ⅰ章と第Ⅱ章において論じている。この節では、人口減少国日本への貢献という観点から、国際結婚を位置づけたい。

　国際結婚の発生件数は、2015年において、三大都市圏（11都府県）全体で全国の71.3％を占め、地方圏で少ない。特に東京圏での件数が目立っており、全

国の43.8％を占めている。しかし、地方圏（特に中山間地域）の自治体における国際結婚は、数の点では少なくとも、当該自治体の人口が少ないため、比率という点では高く現れがちな点が注目される。地方圏における外国人の性比は一般的に低く、25以下（男性1名に対し女性4名以上）の数値を示す自治体さえ少なくない（神谷2011：9）。これは、外国人の女性が男性よりずっと多い状態を意味しているが、その具体的な理由としては、日本人男性との国際結婚による外国人女性の流入を想定するのが妥当であろう。地方圏の多くの自治体では、全国の総人口が減少に転じるずっと前から人口減少が始まっているケースが多く、国際結婚は外国人の流入と子どもの誕生という形で、人口の急減に対する歯止めの役割を果たしてきた。ここに、現代日本（とりわけ地方圏）において国際結婚の持つ重要な意義がある。国際結婚がなければ、地方圏の人口減は現状以上に進展し、これに関連する問題が一層深刻化していたはずである。

　以上のような重要な意義にもかかわらず、国際結婚には問題もある。第1に、新郎・新婦のエスニックな背景が大きく異なる場合が珍しくなく、それに起因するストレスや不和から離婚率が高くなりがちなことが指摘されている（落合ほか2007：311-313）。第2に、国際結婚は、一定期間の恋愛関係の結果としてではなく、仲介業者の斡旋によって実現することが多い。ちなみに、本書の第Ⅱ章では、夫日本人、妻外国人という国際結婚の少なくとも約3分の1が業者婚であると推定された。しかし、本書第Ⅱ章でも触れたように、悪質な業者も見られ、それが国際結婚の全般的評価を悪くすることにつながっている。

　国際結婚の一因は、日本人の男女人口の不均衡である（竹下2000：122-124）。もしこの不均衡が緩和されつつあるならば、族内婚としての日本人同士の結婚が生じやすくなり、少子化動向の顕著な日本にとって明るい材料となる。こうした観点から、男女人口の不均衡に基づいた結婚難の地域的パターンに関する既往研究が参考になる。

　例えば、鈴木（1989）と同様の方法を用いて、石川（2003）が1985〜2000年を対象に、全国および都道府県別に初婚・再婚を念頭に置いた結婚難の程度の変化を分析しているが、それによると、全国および34県で男子の結婚難が深刻化している。東西で比較すると、東日本で事態が厳しく西日本で緩い。この東西差は、鈴木が対象とした1980〜85年と同様で、変化していない。また、特

定の県の内部では、県庁所在都市の都市圏を中心に、女子人口が比較的多く、男子の結婚難はさほど厳しくならない。男子は都道府県間移動をする割合が高いが、女子は県内移動をする割合が高いからである(Liaw 2003)。一方、県庁所在都市やその周辺から遠い中山間地域では、男子人口の滞留が多く、彼らの結婚難が著しい。つまり、東西日本の差のみならず、県という空間的スケールでのこのような地域差も注目される(本書第Ⅰ章も参照されたい)。

　問題は、こうした異なる空間的スケールにおける重層的な結婚難の地域差が、固定的で解消される見込みがないように見えることである。その結果、日本人同士の結婚が増えることはなく、族外婚としての国際結婚が今後も維持されると考えざるを得ないように思われる。つまり、こうした結婚難の地域的パターンが存在する限り、今後も一定数の国際結婚が発生し続けると考えるべきであろう。しかも、かつては東北の農村部などに多かった国際結婚は、いまや大都市圏を含む全国に拡散している(Kamiya 2015)。以上を念頭に置くと、第Ⅰ章の図Ⅰ-1に示されたような、国際結婚件数の減少はいずれ下げ止まると予想される。

　なお、既往研究では、新規流入外国人(特に女性)が国際結婚を有力な入国戦略としているという見方の妥当性や、特に東北地方への女性流入者の移動に関連する一要因として、直系家族制度による外国人花嫁需要の重要性について、確認されている(落合ほか 2007; 石川 2018)。ただし、日本を舞台とした国際結婚に関しては、かつては、こうした文脈での理解もあり、国際結婚によって東北などの農村部に流入するアジアから移住する外国人花嫁を、「犠牲者」とみるステレオタイプ的な見解が支配的であった。しかし、過去10年間に、結婚移住女性からの詳細な聞き取りを踏まえ、彼女たちを潜在的能力が豊かで多様性に満ちた主体的な行為者とみる研究が増え、上述のような見方は否定されつつある(Takeshita 2016; 竹下 2017)。

　本章との関連では、地方圏に結婚移住した外国人女性たちの満足度や、定住あるいは大都市圏への転出の希望の有無などが重要な関心事となるが、カップルごとにあるいは彼らを含む世帯ごとに事情は多様であり、単純な要約が難しい。ただし、円滑な定住や永住を促すための支援策は、一部の地方自治体では既に開始されているが、必ずしも充分とはいえず、一層の支援や、さらに、国

としての社会統合策が必要であることについては、至る所で指摘されている（武田 2011: 83-86; 賽漢卓娜 2011: 185-192; Hanaoka and Takeshita 2015; Kamiya 2015）。

6 高度人材導入の優遇制度

　周知のように、日本政府の公式のスタンスは、熟練労働力は受け入れるが、未熟練労働力は受け入れない、というものである。しかし、未熟練労働力の受け入れに関しては、「定住者」や「技能実習」といった在留資格を通じ、実質的に受け入れが進んでいる、など、問題が指摘されている。一方、熟練労働力に関しては、受け入れは歓迎されているにもかかわらず、現実にはなかなか進んでいなかった。

　こうした実態を踏まえ、ポイント制度に基づいた外国人高度人材の新しい優遇制度が、2012年5月7日に導入された。その11か月後、この制度の評価や見直しの結果が、第6次出入国管理政策懇談会・外国人受入れ制度検討分科会 (2013) の報告にまとめられている。この制度の導入前の取り扱いでは、就労を目的とする在留資格を有する者が永住許可を受けるためには、原則として引き続き10年以上わが国に在留していることが必要であったが、この優遇措置では、在留歴に係る永住許可要件を緩和し、高度人材としての活動を引き続き概ね5年行っている場合には、永住許可の対象とする、とされた。

　これは、高度人材の認定条件の緩和によって、従来の政策を一歩進めたものと評価できる。この新しい制度による高度人材の登録者数として、開始1年で2,000人という目標が掲げられていた。しかし、導入から11か月経過した2013年4月6日時点のまとめによると、高度人材外国人として認定を受けたのはわずか434人であった。これは目標値をかなり下回った数字であり、新しい制度の効果は、残念ながら顕著とは言えない。熟練労働力の受け入れを謳っている国の実績値としては、かなり低調と言わざるを得ない。このポイント制度では、高度学術研究分野、高度専門・技術分野、高度経営・管理分野の3つの活動分野を想定している。ちなみに、各分野の11か月間における認定数は、高度学術研究分野65人（全体の15.0％）、高度専門・技術分野345人（79.5％）、高度経営・

管理分野 24 人 (5.5%) であった。

入管政策における近年の重要な変化は、上記の 3 つの活動分野を担う人材には、高度専門職という在留資格が付与されることになったことである（法務省入国管理局 2017）。すなわち、高度学術研究活動「高度専門職 1 号イ」（本邦の公私の機関との契約に基づいて行う研究、研究の指導又は教育をする活動）、高度専門・技術活動「高度専門職 1 号ロ」（本邦の公私の機関との契約に基づいて行う自然科学又は人文科学の分野に属する知識又は技術を要する業務に従事する活動）、高度経営・管理活動「高度専門職 1 号ハ」（本邦の公私の機関において事業の経営を行い又は管理に従事する活動）、である。

なお、高度専門職 1 号は、①複合的な在留活動の許容、②在留期間「5 年」の付与、③在留歴に係る永住許可要件の緩和、④配偶者の就労、⑤一定の条件の下での親の帯同、⑥一定の条件の下での家事使用人の帯同、⑦入国・在留手続の優先処理、といった具体的な優遇措置を受けることができる。高度専門職 2 号は、「高度専門職 1 号」で 3 年以上活動を行っていた者が対象になり、①「高度専門職 1 号」の活動と併せてほぼすべての就労資格の活動を行うことができる、②在留期間が無期限となる、③高度専門職 1 号の③〜⑥までの優遇措置が受ける。

2015 年 6 月から、在留外国人統計に高度専門職 4 種の在留資格の該当者が掲載されているが、この時点の該当者は、高度専門職 1 号イ 105 人、高度専門職 1 号ロ 431 人、高度専門職 1 号ハ 19 人、高度専門職 2 号 2 人、合計で 557 人であった。2016 年 12 月現在の最新データによれば、高度専門職 1 号イ 731 人、高度専門職 1 号ロ 2,813 人、高度専門職 1 号ハ 132 人、高度専門職 2 号 63 人、であり、高度専門職の合計で 3,739 人である。在留資格に高度専門職を新設した結果、該当者数は一応順調に伸びている。

とはいえ、それでも認定者数は多いとは言えない。2013 年におけるその理由として、第 6 次出入国管理政策懇談会・外国人受入れ制度検討分科会（2013）の報告は、ポイント計算において年収の比重が高いことや、潜在的利用者や企業等の関係者への周知が不十分なこと、などを挙げている。ちなみに、三浦（2013）は、この制度の課題として、政府による周知不足、ポイント制度の運用改善の必要性、関係省庁の縦割りの影響、日本での就業を促す魅力の欠落、の

4点を挙げている。しかし、高度人材は世界中で需要が大きく、日本より条件のいい国が少なくないと思われ、彼らの受け入れをめぐって日本は海外諸国との競合を強いられることを根本的な原因と考えるべきであろう。そのため、日本の高度人材の数を増やすためには、海外にいる人を呼ぶよりは、日本に既に在住している外国人の申請が増えるようにするのが望ましいように思われる。こうした観点から、ここでは、日本の大学にきている留学生を主要なターゲットとすることの重要性を述べてみたい。

　現行の制度では、70ポイントが高度人材申請の合格点となっており、高度学術研究分野、高度専門・技術分野、高度経営・管理分野の3分野とも、学歴のポイントのウェイトが高い。具体的に述べると、高度学術研究分野では、博士号取得者30ポイント、修士号取得者が20ポイント、高度専門・技術分野では、博士号取得者30ポイント、修士号取得者が20ポイント、大学を卒業し又はこれと同等以上の教育を受けた者10ポイント、高度経営・管理分野では、博士号又は修士号取得者が20ポイント、大学を卒業し又はこれと同等以上の教育を受けた者10ポイント、となっている。

　これ以外に、研究実績に関するボーナスポイントも用意されている。例えば、高度学術研究分野では、研究論文の実績については、わが国の国の機関において利用されている学術論文データベースに登録されている学術雑誌に掲載されている論文（申請人が責任著者であるものに限る）が3本以上ある場合、20ポイントが加算される。さらに、「本邦の高等教育機関において学位を取得」には10ポイント、また、「日本語能力試験N1取得者又は外国の大学において日本語を専攻して卒業した者」には15ポイント、「日本語能力試験N2取得者」には10ポイントが、ボーナスポイントとして加算される。

　なお、高度人材の永住に至る期間が、2017年4月に、大幅に短縮された。すなわち、70点以上のポイントで高度外国人材として認められた者について、永住許可申請に要する在留期間が現行の5年から3年に短縮され、さらに、高度外国人材の中でも特に高度と認められる者（80点以上のポイントで認められた者）については、永住許可申請に要する在留期間が現行の5年から大幅に短縮され、1年となった（法務省2017）。

　以上は、日本の大学で学位を取得する留学生が、合格点を取得するのに、か

6　高度人材導入の優遇制度

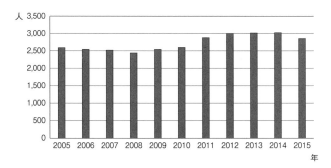

図Ⅳ-3　留学生による博士号の学位取得者数（2005〜2015年）
（資料：『外国人留学生進路状況・学位授与状況調査結果』）

なり有利な条件となっている。こうした有利な条件を生かすには、留学生にこの制度を周知させることが必要である。例えば、申請に最も有利な博士課程に在学している多くの留学生の場合、博士の学位取得が当面の目標と思われる。が、在学中は、取得後の進路についてゆっくり考える余裕はおそらくあまりないはずで、懸命に努力して学位を取得したら、間もなく、あるいは、ただちに日本に永住できる道が開かれているならば、その道を選択する人が多くなるように思われる。そのためには、学位取得後あまり長い時間をおかずに、あるいは、あえて大胆に述べれば、学位取得時点で認定を受けられるよう、この制度を修正することが望ましいように思える。高度人材の予備軍としての留学生の重要性を念頭に置くと、こうした短縮は大いに効果的と思われる。

　留学生を高度人材の重要なターゲットとして想定するメリットして、高度人材の確保による日本の競争力の向上の他に、次のような点を考えうる。第1に、永住につながる高度人材応募のハードルが低くなることは、留学生の増加につながり、さらにそれが、この制度を利用した認定者の増加につながるという好循環を生む、と期待される。第2に、大学が人口減少問題の深刻化している地方圏に位置する場合、佐藤・橋本（2011）や佐藤（2012）に具体例が示されているように、地元の活性化につながる、留学生の様々な貢献を期待できる。地方圏の自治体は、外国人の受け入れには概して消極的だが、留学生の受け入れには前向きなことは心強い（三菱UFJリサーチ＆コンサルティング 2013）。

　ちなみに、この新しい制度が当初の目標とした2,000人という数に対し、高

学歴を持つ留学生が、数のうえでどれほどの寄与をする可能性があるのかも、確認しておきたい。図IV-3 は、日本学生支援機構の調査に基づいた留学生による博士号の学位取得者数をまとめたものである（これは、課程博士・論文博士の合計数であるが、大部分は博士課程による取得者である）。同図によると、留学生による博士学位取得者は 2,500 人前後で推移していたが、2011 年度からはやや増加し、2,500〜3,000 人の間を推移している。この数は、新たな制度の導入時に想定された高度人材の数の 1.25〜1.5 倍にあたっている。

要するに、認定数の伸びが緩やかな高度人材を増やすには、日本の大学に在籍している留学生、特に博士課程在学者を主なターゲットとして重視し、積極的な周知を試みるとともに、永住までの在留歴をできるだけ短縮することが望ましい。

なお、孫・阿部(2013)は、中国人元留学生の受け入れの多い福岡県における彼らの就業状況と継続意志について、興味深い報告を行っている。それによると、彼らは日中に生活の場を築くことを目標とした、トランスナショナルな意識を持っており、日本での永住権取得は、中国に帰国した後、満足できる仕事が見つからなかった場合に再度来日して働くための「保険」という意味あいも強い、という。熟練労働力としての高度人材の一部の人は、このように、必ずしも日本で定着せず、循環移動をする可能性も考えられよう。とはいえ、高度人材としての博士学位取得者の日本での定住や永住は、留学生の送り出し国の側からみれば、頭脳流出という問題でもあるので、こうした循環移動のほうがむしろ、送り出し国と日本の双方にとって望ましいかもしれない。

7 小 括

本章では、わが国の国際人口移動、とりわけ外国人の流入が、人口減少国となった日本にとって果たす役割を念頭に置き、国際人口移動の推移を概観し、国内における人口減少の地域差を概観した後、国勢調査の外国人の個票データを用いて、新規流入外国人の目的地選択について分析した。その後、結婚移住者と高度人材という、国際人口移動に含まれる2つのカテゴリーを取り上げて、その意義を述べた。

7 小 括

　人口減少時代を迎えた日本にとって、今後、国際人口移動者としての外国人の貢献を積極的に検討していく必要がある。ただし、そのための前提条件として、あるいは、そうした方向を確実にするためには、彼らの円滑な定住や永住を促す社会的統合政策の推進が不可欠である。外国人住民の多い一部の地方自治体では、こうした施策が試行錯誤的に実施されているが、国としての包括的な社会的統合政策は欠落したままである。人口減少をいかにして国際人口移動によって補完するかは、21世紀の日本にとって最大級の政策課題であるが、この政策の成否の重要な鍵は、この点にあろう。

第Ⅴ章　流入外国人の地方圏への
政策的誘導

——新しい在留資格「地方創生」の提案——

1　はじめに

　日本の総人口が2008年にピークに達して、その後減少が始まった。減少幅は今後次第に拡大していくため、この問題の厳しさが次第に広く認識されつつある。これまでは、人口減少の対策としては出生率の回復に多大な政策的努力が払われてきたが、近年の合計特殊出生率は大きな上昇を示しているとは言え、これに大きな期待を寄せることは難しく思える。既に始まった人口減少を止めることはきわめて難しいが、その減少幅をゆるやかにすることは可能であり、その方策としては、国際人口移動以外に有力な選択肢が見つからないという現状にある。

　この問題を考える場合、人口減少が日本国内で顕著な地域差を伴って進行しており、特に国土の周辺部で、人口減関連の諸問題が深刻化していることを斟酌しつつ、わが国への国際人口移動を考察する必要がある。地方圏の疲弊という問題に取り組み、地方創生をめざす組織として、2014年9月に内閣府にまち・ひと・しごと創生本部が設置された。これまで、この創生本部の施策をはじめ、地方創生をめざす政策提言や地方自治体の取り組みの紹介・論評は少なくない（例えば、時事通信社 2015; 農林水産省 2015; 経済同友会 2016; 竹本 2016; 日本学術会議地域研究委員会人文・経済地理学分科会・地域情報分科会 2017）。

　しかし、こうした政策提言はほとんど日本人のみを対象としており、外国人の貢献の可能性にはほとんど眼を向けていない。日本人自身の数の減少が進行中であるため、日本人に絞った施策が地方創生に果たす役割は限定的とならざるを得ない。こうした現状を踏まえ、本章では、海外の一部の国で採用され一定の成功を収めている移民の地方圏誘導政策を紹介し、それを踏まえて、日本に新規に入国する外国人を地方圏に政策的に誘導するための枠組みの概略を示

したい。

　以下、2節において、オーストラリアのSSRMとカナダのPNPという新規流入移民の地方誘導をめざす政策の内容を紹介する。その後、3節において、類似した制度の日本への適用を念頭に置いた流入外国人の地方圏への政策的誘導の具体策を提案する。

2　海外における地方圏への移民の誘導政策

　前章で図Ⅳ-2に基づいて、人口減少が顕著になっている地方圏において、外国人の流入による補完がほとんど見られないことを述べた。かかる現状を念頭に置いた場合、現代日本において具体的にどのような政策を考えうるであろうか。本章では、こうした状況において取りうる政策に目を向けたい。

　一般的に、移民は特定の国の代表的な大都市に集中する傾向が強い（山下2008）。そのため、スウェーデン、イギリス、米国、カナダ、オーストラリアなどでは、国土の均衡ある発展をめざし、移民（難民を含む）を主要大都市から分散させ、国土の周辺部に誘導する政策が実行されている（Citizenship and Immigration Canada 2001）。前掲の図Ⅳ-2によれば、日本人と外国人の双方とも東京圏での増加が目立っており、この現状が放置されれば、東京一極集中が一層進行することになる。この問題を是正あるいは緩和するために、外国人の分散をめざす政策の採用が、日本でも積極的に検討されるべき時期にきているように思われる。本章ではまず、オーストラリアとカナダの事例を紹介したい。両国では、少子高齢化や人口や経済の停滞の見られる国土の周辺部に、新規の移民を誘導する、興味深い地域主導型の政策が実施され、高く評価されているからである。一般的に、入国管理により選別し制御されうる項目としては、国籍、規模、期間、分野、地域の5項目がある（明石2013）が、本章で扱うのは、地域の項目に関わる入国管理の事例である。

　なお、オーストラリアの事例の調査のため、2017年3月14日にサウスオーストラリア州都のアデレードにあるサウスオーストラリア州移民課（Immigration SA）、3月17日に首都キャンベラにある移民・国境警備局（Department of Immigration and Border Protection）を訪ね、関係者に聞き取り

を行った。また、カナダの事例の調査のため、2016年3月16日にマニトバ州都のウィニペグにあるマニトバ州労働・移民課(Manitoba Labour and Migration)、3月22日に首都オタワにあるカナダ移民・難民・市民権局(Immigration, Refugees and Citizenship Canada)を訪ね、関係者に聞き取りを行った。

(1) オーストラリアの事例

1990年代の中期に、オーストラリアの移民プログラムは同国の地方圏(regional Australia)に熟練移動者が定住することを促す、パラダイム転換が見られた。なお、以下の記述は、特に断らない限り、Hugo(2008a, b)に基づいている。同国では、1990年代後半に、州や準州が国の移民プログラムに地域的な変更を加えた政策によって、熟練労働力としての移民の流入に大きな役割を果たしている。これは、シドニー、メルボルンなどの主要都市への移民の集中を抑制し、地方圏への誘導を意図する政策である。同国の近年の移民政策は、彼らを定住者として受け入れることに焦点を置いており、移民の5分の1を国土の周辺部に誘導することを想定した、いくつかの異なるビザの種類がある。

特に、州特定地域移動(State-Specific and Regional Migration, SSRM)計画が注目される。この計画により全国で受け入れた移民は、1997〜98年には1,753人(全流入者数の2.3%)を数えたが、その後徐々に増え、特に今世紀に入ってからの増加は顕著で、2005〜2006年には27,480人(同20.9%)となっている。また、2001〜2006年におけるSSRMによる入国者の職業をみると、専門職52.8%、商人18.6%、管理職・行政職14.0%、などとなっている。また、同じ期間におけるSSRMによる移民受け入れの目立つ州や準州を挙げると、サウスオーストラリア州7,276人(同州受入総数の78.0%)、タスマニア州879人(51.2%)、オーストラリア首都圏654人(47.7%)、北部準州252人(32.3%)、ヴィクトリア州9,540人(29.5%)であった。

数および比率のいずれでも、サウスオーストラリア州が、この計画による重要な移民受け入れ先となっている。この背景として、同州の経済成長率や所得水準が長らくオーストラリアの平均以下であり、失業率は全国平均以上であったこと、および1990年代初頭の州立サウスオーストラリア銀行の倒産による経済的苦境にも直面していた。さらに、人口は停滞傾向にあり、高齢化が他州よりずっと進んでいたし、国内移動という点では転出超過を記録していた。こ

第Ⅴ章　流入外国人の地方圏への政策的誘導

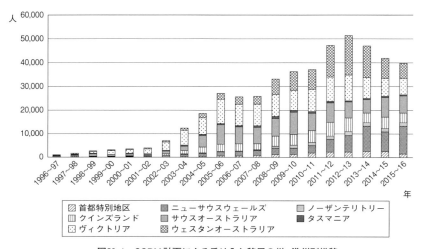

図Ⅴ-1　SSRM計画による受け入れ移民の州・準州別推移
（Department of Immigration and Border Protectionから提供された資料から、筆者作成）

れを受け、同州では、経済開発戦略の一部として、移民受け入れを増やすために、SSRMが使われた。

　図Ⅴ-1に、SSRMによる受け入れ移民数の州・準州別の推移を示した。この政策がスタートした1996〜97年には全国で1,087人を受け入れたが、サウスオーストラリア州はその中の3割強にあたる347人を占めていた。その後、同州の受け入れ数は2005〜06年まではおおむね増加を続けたが、以降は横ばいあるいはやや減少という傾向を示している。2002〜03年からはヴィクトリアの伸びが目立ち、2001〜02年から2003〜04年には、全国のほぼ半数を占めた。また、2002〜03年頃からは、ニューサウスウェールズ、クインズランド、ウェスタンオーストラリアも増加基調にある。メルボルンを含むヴィクトリアやシドニーを含むニューサウスウェールズでも増えていることに関しては、このSSRMが地方圏の振興から、熟練労働力の吸引のための政策へと性格を変えたため、という見方もある。過去約10年間におけるウェスタンオーストラリアの該当者の多さは、資源ブームによるものである。なお、2013〜14年以後は、全国の受け入れ総数が減っている。

　このSSRMは、オーストラリアの主要都市以外の地域に、絶対数ではそれほ

ど多くはないが、かなり高い割合となる移民を誘導してきたという意味で、一定の成功を収めた。こうした試みが成功したのは、新規移民を引きつけうる雇用機会を提供できたからである。この点の保障がないと、SSRMのような政策の成功はおぼつかなかった。このSSRM計画は、国と地方政府の連携の顕著な成果の一つである（ヒューゴ 2014）。

　SSRMの評価は、いったん地方圏に流入した移民がそこに長期的に定着するかどうかにも、かかっている。この点に関し、Wulff and Dharmalingam（2008）は、様々なコミュニティ活動への定期的な参加度で示される「社会的結びつき」（social connectedness）の重要性に言及している。そして、小さな子どものいる家族、オーストラリア在住の長い家族、小都市居住の家族、米国、カナダ、南アフリカ、ジンバブエ生まれの家族が、それ以外の家族より、社会的結びつきがずっと強いことを指摘している。他に、到着時に雇用主から受けた援助を有益と感じた家族は、強い社会的結びつきを有する傾向にある、という。とはいえ、SSRMに該当する各人のビザのカテゴリーに関する居住義務がいったん満たされると、地方圏から主要大都市やその近郊に流出する傾向もある（Taylor *et al.* 2014）。

　Hugo（2008a）が述べるように、一般的に、今日のグローバル化の時代には、世界都市と評価されるような大都市は、移民の吸引の重要な中心であり続けることになろう。しかし、第2の人口転換後の社会では、国土の周辺部に位置する諸地域では、若年層の国内他地域への流出超過によって、人口動態が悪化していることが多く、少子高齢化のインパクトが強く懸念されている。こうした地域における経済発展は、多くの場合、国外から移民労働者をどれほど引きつけうるかにかかっており、国際移動がこうした文脈においてきわめて重要な役割を果たすことが期待される。

(2) カナダの事例

　一方、カナダにおいても、移民による人口や労働力の増加に向けた対策が注目されてきた。しかし、同国では、移民の大多数がトロント、モントリオール、バンクーバーの3都市に集中しており、これをいかにして国内に分散させるのかが、重要な政策的課題であった。

　こうした背景を受けて、州指名プログラム（Provincial Nomination Program,

PNP）が作られることになった。これは、各州が、カナダへの移民を希望し、特定の州への定住に関心のある個人を指名できる制度である。カナダの州と準州は、独自の指名プログラムを持っているが、ケベック州の制度はやや異なっている。それぞれの州や準州は、各プログラムを特定の州や準州の必要に合致するように調整し、こうした必要を満たす移民を直接選択することを可能にする協定を、カナダ市民権・移民局（Citizenship and Immigration Canada）と結んでいる。

　同国ではかつては、移民受け入れを連邦政府が推進する政策が主で、州や準州ごとの受け入れは基本的に難しかった。カナダの地域主導型の受け入れ政策は、上述したPNPによって推進され、移民の選択において州が大きな役割を担えるようになり、これまで量的拡大や多様化を遂げてきた。カナダでPNPが最初に実行されたのはマニトバ州であり、1998年のことであった。これまでの同州の事例は、カナダのPNPの中での成功例と考えられており、とりわけ州内の小都市や農村部への移民誘導が高く評価されている（Carter *et al.* 2008）。

　以下、主にBaglay（2012）に依りつつ、マニトバ州のPNP（Manitoba Provincial Nomination Program, MPNP）の内容を簡単に紹介したい。このプログラムに対する同州の関心は、連邦政府の移民プログラムでは対応しきれない労働市場の課題や熟練労働力の不足、人口流出、ウィニペグへの新規流入者の集中、といった様々な問題に起因していた。こうした状況は、1980年代半ば以来悪化していたし、新規流入者が大きく減少した1991～1996年に特に顕著になった。こうした一連の問題への対応策として、マニトバ州は自州に焦点を置いた移民選択プログラムの導入に積極的になった。

　MPNPの導入前の1996年には、3,940人の新規流入があったに過ぎなかった。しかし、その後このプログラムによる流入が増え、2009年には13,520人（カナダへの全流入者の5.4%）にまで増加した。同州への新規流入者のうち、75%以上がMPNPに基づいており、連邦政府による代表的なプログラムである連邦熟練労働者プログラム（Federal Skilled Worker Program）による流入は、わずか4.4%を占めるに過ぎない。なお、他州と異なり、マニトバ州ではPNP申請の選考料は徴収していない。MPNPの主眼は、雇用者の必要への対応のみならず、州の長期的な人口や経済の成長への貢献にある。MPNPの特色は、多数の低

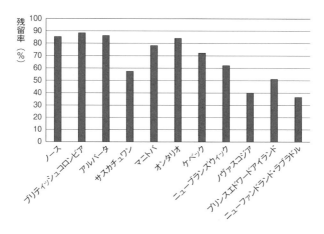

図 V-2　移民・難民の州・準州別残留率
注）カナダ全体の残留率は 82％ である。
（Carter（2009: 23）のデータから、筆者作成）

熟練分野の労働者を必要とする、州内の食肉加工業や輸送業のような産業部門の比重の大きさに関係している。例えば、2009 年に、同州への経済移民の 3 分 1 以上が、商業・輸送業・機器操作業や加工業・製造業における職業に就いている。また、上位の 10 職業には、食肉加工作業員、トラック運転手、溶接工、会計事務職、その他の事務職、が含まれている。

　新規流入移民を特定の州に引きつけることが重要なのはもちろんであるが、それと並んで、彼らをそこに残留させることも重要である。移民の残留率には、雇用機会、家族・コミュニティとの紐帯、手ごろな住宅、定住・統合に向けた支援、適切な言語トレーニング、健康・教育・社会的プログラムの用意、教養・娯楽の機会、社会的支援、など多くの要因が影響する（Carter *et al.* 2008）。

　図 V-2 は、カナダ統計局がまとめた移民・難民全体の州・準州別残留率を、2001 年時点について示したものである（Carter 2009: 23）。図に示された残留率の州間の差異は、上述したような諸要因の結びつきによって生じていると考えられるが、大西洋岸の小規模州において残留率が低いことに関しては、おそらく経済的な低調さによる所が大きいであろう。PNP 移民に限定した残留率は、移民・難民全体の残留率より概して高いという。

図V-2に明らかなように、2001年にマニトバ州の残留率は8割近く、全国で5番目に高い。2001～02年のMPNP移民本人に対する調査によると、最初にマニトバ州に移動した移民の90％が同州に居住し続けている、という回答が得られた。77％は、調査時点に居住している町や村に、少なくとも今後5年以上住み続ける予定である、と回答している。ほかの調査は、こうした移民は、雇用、家族、コミュニティを通じた支援の紐帯ゆえに、マニトバ州を居住地として選択した、という。つまり、MPNPがこうした紐帯の上に構築されているし、その紐帯を強めている、という訳である（Carter 2009：22）。マニトバ州におけるこうした高い残留の実績および希望は、MPNPが成功と評価される有力な証左と考えられている一方、この評価は、同州が連邦政府との交渉によって、定住や統合に向けた諸サービスの提供のための権限委譲を獲得した結果でもある。

MPNP導入後10年以上が経過したが、この計画に対する評価としては、Carter *et al.* （2008）やLewis（2010）の整理が参考になる。それによれば、同州への移民が増え、州内での移民の空間的分散が進んだことについては、一定の評価が与えられている。

その一方、移民への住宅提供が十分でないこと、とりわけ小都市では、移民が少なく、言語のトレーニングや雇用に関する研修などの施策の提供が難しいうえ、家族や友人なども少ないために残留が難しく、一部の移民の流出を止めようがないこと、移民に対する地元コミュニティの役割が弱いこと、が指摘されている。さらに、定住に向けた州内のサービスに差が生まれていること、移民自身やコミュニティの負担が重くなっていることが指摘されている。また、MPNPの実施の際、特定の雇用主、コンサルタント、民族文化組織などへの依存が、特定の集団のみが同州に誘導され、しばしば特定の職業に就くことにつながり、他の集団はその職業を避けざるを得ない事態が多く、民族・文化的な不均衡が生じている、という。

(3) オーストラリアとカナダの相違点

以上、地方圏の振興策として利用されているオーストラリアのSSRMとカナダのPNPという誘導政策について紹介した。両国は典型的な移民国家であり、その意味で移民の不足に悩むことは少ないと思われるが、その両国で、新規

の移民導入を柱とする地方圏の振興策が、1990年代後半というほぼ同時期に、しかも両国で独立的に採用されたことは、たいへん興味深い。

その一方、両国の制度の違いとして、次の3点を確認しておくことも重要である。これらは、日本に類似の政策の導入を考える場合の鍵となる点である。

第1に、誘導政策の対象となる移民労働力の熟練度に関して、である。この政策の対象を、オーストラリアでは熟練労働力に限定している一方、カナダでは熟練労働力のみならず低熟練労働力も対象にしている（Immigration Canada Services 2017）。この意味では、カナダの移民政策のほうがより寛大である。

第2に、この誘導政策の対象となる移民の永住権取得の時期と流入先での居住義務期間に関して、である。オーストラリアでは、SSRMにより入国した移民は、流入先で通常2年の居住義務が課される（彼らはオーストラリア入国の時点で、永住資格を持つ者もいるし、一時的滞在者の資格を持つにすぎない者もいる）。しかし、この2年の経過後は、シドニーやメルボルンのような大都市への流出が、一定程度見られるようである。この意味で、オーストラリアにおける移民の地方誘導策は万全ではなく、限界を抱えていることにも留意する必要があろう。一方、カナダでは、PNPによる移民は、入国の時点で永住の資格を有しているうえ、カナダ人権憲章（Canadian Charter of Rights and Freedoms）で保障された移動の自由も約束されている。このため、移民の潜在的流出への懸念は常に大きいと言える。これを避けるため、受け入れた移民に対する地元の自治体やコミュニティの定住支援サービスが充実しているためと思われるが、前述したように、残留率は驚くほど高い。

第3に、カナダの少なくともマニトバ州では、PNPによる移民を、州都のウィニペグのみならず、州内の小都市や農村部への分散を進めてきた。対照的に、オーストラリアのサウスオーストラリア州では、州内での分散居住が勧められているにもかかわらず、SSRMによる移民が州都アデレードに集中し、州内の小都市や農村部への分散はほとんど実現していない。

3　日本の地方圏への外国人の政策的誘導

以上、オーストラリアとカナダにおいて1990年代後半に導入された移民の

地方誘導政策について、詳しく紹介した。本節では、類似した政策の日本への導入について検討する。これは、日本に流入する外国人を日本の地方圏の自治体に誘導して、地方圏の振興をめざす政策である。外国人の地方圏への誘導政策は、日本においてはこれまで全く注目されていないと言っていい。そのため、以下の議論は、とりあえず、現行の制度や体制を踏まえた検討を試みたい。なお、特に現行の在留制度の中に、誘導対象となる外国人の在留資格をいかに位置づけるかに関しては、複数の行政書士の方々のご教示をいただいたことをお断りしておきたい。

　現代日本にこうした誘導政策は存在していないが、具体的イメージが近い既存の政策をあえて挙げるとすれば、外国青年招致事業（自治体国際化協会 2017）がそれにあたるであろう。これは、全国の自治体が例えば英語教育への貢献を期待できる人材を申し出ると、政府がマッチングして条件の合致する外国人が自治体に派遣される事業である。この事業は、外国青年の地方圏への誘導を目的とする政策ではないが、地方自治体が希望する外国人の受け入れを政府に申請するという点が、本章で検討する誘導政策と似ている。

（1）誘導政策の対象地域

　まず、この誘導政策の対象となる範囲について、考察したい。表Ⅴ-1 は、2017 年 1 月 1 日現在の日本人住民と外国人住民の人口の対全国比を地方別に示したものである。

　同表によると、日本における外国人の地理的分布は、国土の中央に位置する三大都市圏に集中している。ちなみに、東京圏（埼玉・千葉・東京・神奈川）に全国の外国人の 40.98％、名古屋圏（岐阜・愛知・三重）に 13.23％、大阪圏（京都・大阪・兵庫・奈良）に 16.39％が居住している。三大都市圏合計では実に 70.60％に達する。ちなみに、この比率は日本人住民の三大都市圏合計の比率 51.38％を大きく上回っている。つまり、外国人は日本人以上に東京一極集中が進んでいる。また、外国人関連の多くの指標に関する一連の全国地図を参照しても、分布の中心が三大都市圏、地方ブロックで言うと関東・東海・近畿にある（石川2011）。三大都市圏、特に東京圏への外国人の顕著な集中は、外国人に関係の深い雇用機会の集積や多数の同胞人口の存在によって説明されよう。以上は、政策的な誘導によらない限り、外国人を地方圏に分散させ、人口の東京一極集

3　日本の地方圏への外国人の政策的誘導　　*101*

表Ⅴ-1　日本人・外国人の地方別比率（2017年1月1日現在）

	日本人住民(%)	外国人住民(%)
全国	100.00	100.00
北海道	4.25	1.21
東北	7.13	2.21
北関東	5.42	6.07
東京圏	28.16	40.98
北陸	4.20	2.31
北陸・名古屋圏以外の中部（山梨・長野・静岡）	5.26	5.27
名古屋圏	8.86	13.23
大阪圏	14.36	16.39
大阪圏以外の近畿（滋賀・和歌山）	1.89	1.34
中国	5.87	4.07
四国	3.08	1.33
九州	11.51	5.58

注）沖縄は九州に含まれる。

（資料：『住民基本台帳に基づく人口、人口動態及び世帯数調査』）

中を是正し、地方圏の衰退を抑制することはかなり難しいことを意味している。

　さて、三大都市圏を表Ⅴ-1の東京圏・名古屋圏・大阪圏（11都府県）で示すとすると、それ以外の36道県を地方圏とみなすことができる。現状では、地方圏は外国人の数が少なく外国人の比率も低く、日本人人口の減少を外国人の増加で補完する必要があるが、そうした補完はほとんど進んでいない。なお、表Ⅴ-1に明らかなように、地方圏のうち、北関東、北陸・名古屋圏以外の中部（山梨・長野・静岡）、大阪圏以外の近畿（滋賀・和歌山）は、三大都市圏に隣接しており、外国人比率が比較的高い。そのため、これらの3つの地方への外国人の政策的誘導の必要性は小さい。

　以上を念頭に置くと、外国人の政策的誘導が必要なのは、地方圏のうち、北海道、東北（青森・岩手・宮城・秋田・山形・福島の6県）、北陸（新潟・富山・石川・福井の4県）、中国（鳥取・島根・岡山・広島・山口の5県）、四国（徳島・香川・愛媛・高知の4県）、九州（福岡・佐賀・長崎・熊本・大分・宮崎・鹿児島・沖縄の8県）の6地方（28道県）と考えられる。図Ⅴ-3は、表Ⅴ-1の地域区分に基づいて、6地方の位置を示したものである。なお、北関東、北陸・名古屋圏以外の中部（山梨・長野・静岡）、大阪圏以外の近畿（滋賀・和歌山）は、大都市圏隣接地域と一

第Ⅴ章 流入外国人の地方圏への政策的誘導

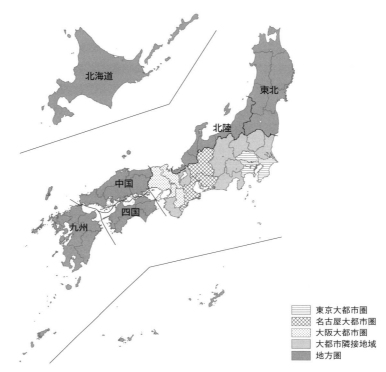

図Ⅴ-3 外国人の誘導政策の対象となる6地方の位置

括している。ちなみに、前章の表Ⅳ-1に明らかなように、これら28道県の人口のピークは、1980年が1県、1985年が12県、1995年が9県、2000年が3県、2005年が1県、2015年が2県となっている。つまり、20世紀の最後の20年間に、28の道県のうち22の道県で、人口の減少が始まっており、それだけ外国人受け入れによる補完の潜在的必要性が高いと考えるべきである。

　以上で、誘導政策の対象地域の特定作業をとりあえず終えた。この政策の概略を示す前に、日本の地方自治体における外国人受け入れについての全体的な関心度について、触れておきたい。概して言えば、地方自治体の外国人流入に関する希望や期待は、さほど大きくない。これに関連し、例えば、三菱UFJリサーチ＆コンサルティング(2013)が、2012年11～12月に実施した「基礎自治体の外国人政策に関するアンケート調査」の結果が興味深い。この調査の有

効回答数535のうち、前述した6地方は233を占めているので、これらの地方に位置する基礎自治体の意向が調査結果に含まれていることは確かである。ともあれ、この調査によれば、「積極的に（外国人）受け入れを進めている」とした自治体は調査対象のわずか6.0％、「今後積極的に受け入れる予定である」が2.6％であった。一方、「特に積極的に受け入れることはない」が89.2％を占めている。受け入れの対象として想定されているのは、多くの場合は、留学生である。

　このような外国人受け入れに関する消極的な姿勢の原因として、外国人政策が国によって一元的に進められているために、基礎自治体の貢献に対する無力感があることや、地元に外国人の数が少ないために、日常生活を通じての接触が乏しく、彼らの受け入れが地元の発展に対する彼らの積極的な貢献の可能性について想像すること自体が難しい（福本ほか2015）、といった点を挙げることができよう。

　しかし、ここで論じている外国人の誘導政策は、地方自治体が自らの自治体の活性化に必要と考える属性を持った外国人労働力の受け入れを政府と交渉し、それによって人口減少や経済的停滞といった問題の抑止を目的としている。これまでは、厳しい人口減少に直面している地方圏の自治体は、こうした問題の厳しさ・深刻さやその解決策の必要性を強く感じていても、有力な施策をなかなか打ちだせなかった。こうした現状の隘路を大きく打開する可能性のあるのが、ここで論じる外国人の地方圏への誘導政策である。

(2) 地方圏における外国人労働力の需要

　ここで検討している誘導政策に関し、外国人に直接関係するのは、雇用の確保、住宅の提供、地元自治体での定住支援サービスの3点である。このうち、最も重要で、政策立案が最も難しいと思われるのが、雇用の確保である。住宅の提供に関しては、以降の「(4) 国および地方の担当組織」の末尾で簡単に触れる。定住支援サービスについては、「(5) 外国人住民に対する地元の定住支援」で検討する。この小節では、まず、誘導政策の対象となる外国人の雇用をいかに確保するかについて、考察したい。

　さて、この誘導政策によって受け入れが期待される外国人労働力は、各自治体の意向で決まることになる。どのような属性を持つ外国人が希望されるかは、

表Ⅴ-2　外国人の在留資格の地方別比率（2016年12月現在）

在留資格	総数（人）	全国	北海道	東北	北関東	東京圏	北陸	北陸・名古屋圏以外の中部（山梨・長野・静岡）	名古屋圏	大阪圏	大阪圏以外の近畿（滋賀・和歌山）	中国	四国	九州
							比　率　（%）							
総数	2,382,822	100.0	1.2	2.2	6.1	41.1	2.3	5.3	13.3	16.2	1.3	4.0	1.3	5.5
教授	7,463	100.0	4.1	6.0	2.7	36.9	3.4	1.8	7.9	19.8	0.7	3.9	1.5	11.0
芸術	438	100.0	1.6	0.5	1.1	67.4	0.9	1.1	7.1	11.4	0.5	0.7	0.5	5.7
宗教	4,428	100.0	4.3	5.9	3.5	36.9	1.2	3.8	8.9	18.3	0.7	2.3	0.6	13.6
報道	246	100.0	-	-	0.4	93.9	-	0.4	0.4	3.7	-	-	-	0.8
高度専門職1号イ	731	100.0	2.6	7.9	12.6	36.9	2.5	1.5	4.9	12.3	0.8	2.1	0.8	15.0
高度専門職1号ロ	2,813	100.0	0.3	0.4	1.5	85.5	0.2	1.3	2.7	5.8	0.2	0.5	0.1	1.5
高度専門職1号ハ	132	100.0	3.0	0.8	-	90.2	-	-	1.5	3.8	-	-	-	0.8
高度専門職2号	63	100.0	-	-	1.6	81.0	-	1.6	1.6	12.7	-	1.6	-	-
経営・管理	21,877	100.0	1.3	1.0	5.0	67.8	1.1	1.9	3.9	11.3	0.2	1.2	0.4	4.8
法律・会計業務	148	100.0	-	-	-	98.6	-	-	-	1.4	-	-	-	-
医療	1,342	100.0	4.0	2.2	1.1	49.0	0.9	3.1	2.2	27.9	2.0	3.1	1.0	3.6
研究	1,609	100.0	0.5	2.1	23.8	53.4	0.9	0.9	2.9	12.0	0.6	0.9	0.2	1.6
教育	11,159	100.0	3.7	7.9	7.5	30.4	4.3	5.7	5.8	13.1	2.0	6.0	3.4	10.2
技術・人文知識・国際業務	161,124	100.0	1.1	1.2	3.8	63.6	1.1	2.4	7.5	11.7	0.5	2.0	0.6	4.6

在留資格	総数													
企業内転勤	15,772	100.0	1.1	1.2	5.6	62.4	1.4	3.2	9.7	7.2	0.5	1.7	1.2	4.8
興　行	2,187	100.0	1.9	2.5	4.8	32.3	2.2	3.1	8.1	12.4	0.2	8.9	2.2	20.1
技　能	39,756	100.0	2.5	1.8	4.6	57.1	1.4	3.9	8.6	8.3	0.7	2.0	1.0	8.0
技能実習1号イ	4,943	100.0	0.3	5.5	6.9	14.7	4.9	18.9	14.9	8.2	2.4	10.4	6.3	6.6
技能実習1号ロ	97,642	100.0	3.4	5.1	10.4	15.6	5.5	5.6	17.4	8.6	2.0	10.3	5.3	10.7
技能実習2号イ	3,207	100.0	0.4	2.3	2.2	4.6	5.4	5.2	23.1	6.7	1.5	22.2	18.7	7.7
技能実習2号ロ	122,796	100.0	2.8	4.7	9.7	13.8	5.8	6.0	20.0	8.5	1.9	10.8	5.8	10.2
文化活動	2,704	100.0	3.3	3.5	6.0	41.4	3.0	1.8	5.3	18.0	1.1	4.9	1.4	9.7
留　学	277,331	100.0	1.3	2.4	3.3	53.2	1.9	2.1	5.3	15.5	0.5	3.5	0.8	10.2
研　修	1,379	100.0	1.7	3.3	6.4	27.4	3.8	7.7	16.7	13.9	3.4	3.8	1.9	8.9
家族滞在	149,303	100.0	1.2	1.5	4.7	61.6	1.6	2.5	8.3	10.2	0.4	2.4	0.7	4.8
特定活動	47,039	100.0	4.3	1.0	12.4	46.4	1.4	3.4	11.3	9.6	0.3	2.7	2.3	3.6
永　住　者	727,111	100.0	0.7	2.3	7.2	42.8	2.3	7.7	16.5	11.3	1.5	3.0	0.9	3.8
日本人の配偶者等	139,327	100.0	1.1	2.5	7.3	42.6	2.5	7.6	13.3	11.6	1.7	3.2	1.3	5.4
永住者の配偶者等	30,972	100.0	0.3	0.9	7.4	48.5	1.5	6.7	16.1	12.1	1.2	2.4	0.7	2.3
定　住　者	168,830	100.0	0.2	0.9	11.0	32.2	2.5	11.5	25.2	8.8	2.6	2.7	0.7	1.8
特別永住者	338,950	100.0	1.0	1.4	1.6	23.3	1.5	1.8	10.5	45.7	1.8	5.7	0.7	4.8

注）都道府県名が「不定・未詳」（全国で1,124人）は、全国の総数のデータには含まれるが、在留資格別の比率のデータには含まれない。そのため、地方別の比率の合計が100.0%とはならない資格もある。6地方の比率は太字で示している。また、網掛けは各地方の外国人比率（%）が全国比率の1.5倍以上となっている在留資格を示す。

（資料：「在留外国人統計」）

自治体の希望を踏まえたうえでないと確かな言い方が難しいが、一般的には、地方圏で不足している産業や職種の外国人労働力と考えていいであろう。この点に関する手がかりを得るために、まず、法務省入国管理局(2016)の在留資格一覧表で、地方圏で比重の大きな在留資格を確認しておきたい。このため、表Ⅴ-1で用いた地域区分に基づいて、表Ⅴ-2に外国人の在留資格の地方別比率をまとめた。

　全国における外国人総数は、2016年12月現在で238.3万人である。前述した誘導政策の対象地域とした6地方における外国人数の対全国比率は、北海道1.2％、東北2.2％、北陸2.3％、中国4.0％、四国1.3％、九州5.5％である。これらの地方において重要性の高い在留資格を知るために、外国人数の対全国比率の1.5倍以上の比率(％)を持つ資格を、表Ⅴ-2では網掛けで示した。例えば、北海道の場合、外国人数の対全国比は1.2％であるが、この1.5倍の1.8％より高い比率に網掛けを行っている。

　網掛けされた比率の在留資格は、6地方でやや異なっている。例えば、北海道は、教授、宗教、高度専門職1号イ、高度専門職1号ハ、医療、教育、興行、技能、技能実習1号ロ、技能実習2号ロ、文化活動、特定活動といった資格で網掛けされており、道内在住の外国人の属性が多様なことを物語っている。対照的に、網掛けされた資格が、北陸は技能実習の4資格以外に教育と研修だけ、中国は技能実習の4資格以外に興行が該当するに過ぎず、外国人の資格の構成がやや単純である。表Ⅴ-2は、以上のような興味深い知見を与えてくれるが、その理由についてここで詳しく検討する余裕はない。

　重要なのは、外国人の誘導政策の対象地域とした6地方では、技能実習1号イ、技能実習1号ロ、技能実習2号イ、技能実習2号ロがほぼ共通して網掛けが目立つことである。ただし、九州は、これらの4種の資格で全国比の1.5倍以上の比率を意味する網掛けは技能実習1号ロと技能実習2号ロの2資格のみが該当している。しかしながら、対象地域の6地方では全体的に、技能実習という在留資格に対応する職種が重要なことがわかる。特に、全国の外国人数が、技能実習1号ロは9.8万人、技能実習2号ロは12.3万人と多く、6地方におけるこれらの資格に該当する外国人の絶対数も多いことに注目する必要がある。なお、表Ⅴ-2によると、教育という在留資格も、中国を除く5地方において網

掛けが見られる。これは、恐らくは、前述した外国青年招致事業による英語教師がこれらの地方で多いことを示唆していよう。しかし、全国におけるこの資格者の総数は1.1万人に過ぎず、重要性という点では技能実習に及ばない。

ところで、外国人の技能実習生を受け入れる方式には、企業単独型と団体管理型の2つのタイプがある。前者は、本邦の企業等（実習実施機関）が海外の現地法人、合弁企業や取引先企業の職員を受け入れて技能実習にあたり、イで識別される。後者は、商工会や中小企業団体等営利を目的としない団体（監理団体）が技能実習生を受け入れ、傘下の企業等（実習実施機関）で技能実習にあたり、ロで識別される。双方のタイプとも、入国1年目が1号、2・3年目が2号に該当する（国際研修協力機構 2017b）。このため、技能実習1号イ、技能実習1号ロ、技能実習2号イ、技能実習2号ロの4区分が設けられている。

なお、2017年11月1日に新たな技能実習法が施行されたのに伴い、第3号技能実習生の受入れ（4～5年目の技能実習の実施）を可能とする技能実習制度の拡充が行なわれた（法務省入国管理局・厚生労働省人材開発統括官 2017）。

技能実習は、出入国管理及び難民認定法の2009年改正によって、それまでの制度が大きく変更された（上林 2015: 147）。その内容は、2017年5月22日現在、農業関係、漁業関係、建設関係、食品製造関係、繊維・衣服関係、機械・金属関係、その他の74種134作業に及んでいる（国際研修協力機構 2017a）。第一次産業や第二次産業に関連するこうした職種や作業は地方圏において広くみられることが、表V-2で6地方での比率が高くなっている原因と考えられる。

ただし、現行の制度では、技能実習という資格は1度しか申請できず、その在留期間が過ぎたら、帰国する必要がある（上林 2015: 199-201; 国際研修協力機構 2017c）。この制約のため、技能実習生としての滞在の後、永住に結びつく他の在留資格への変更ができない。こうした制約は、国際貢献のため開発途上国等へ技能を移転するため、未熟練労働力としての外国人のローテーションが想定されているためである。

しかし、こうした労働分野は、日本人が就きたがらないため、外国人が下支えをしているという現状を念頭に置くと、これらの外国人労働力を使い捨てにせず、定住化を進めることが望ましい（上林 2015: 195-220）。また、技能実習制度は、技能実習生の帰国後、類似の職種に就労して技術移転を図るという前提

に立っている。しかし、実態はこの前提から遠く離れていることが報告されている（朝日新聞 2017）。様々な問題を抱えている技能実習制度という枠組みは廃止すべきである、という政治家の意見もある（公益財団法人日本国際交流センター・フリードリヒ・エーベルト財団東京事務所 2017: 11-13）。とはいえ、地方圏では、技能実習という現行の在留資格に対応する職種の需要が大きいので、この点を取り込んだ地方圏への外国人の政策的誘導策の立案が、現実的である。つまり、この政策を実行に移すには、現行の技能実習という在留資格とは異なる選択肢を考える必要があろう。

(3) 新しい在留資格「地方創生」の提案

　地方圏への外国人の誘導のためには、日本に入国する外国人をいかにして永住可能な状態に導くかについての具体的な政策、特に在留資格に関する処方箋を示す必要がある。しかし、地方圏への外国人の政策的誘導という方策は、国内でこれまでほとんど注目されていないため、政策立案の参考となるような先行の成果は皆無と言っていいし、筆者は入国管理政策や在留資格制度に関する専門家ではないため、以下ではおおまかな方向の提示にとどまらざるを得ない。とはいえ、この立案作業に関連し、行政書士入管手続研究会（2017）による新しい在留資格の提言がたいへん参考になる。

　さて、地方圏での貢献がこの政策の基本的な目的なので、ここでは、「地方創生1号」と「地方創生2号」（いずれも仮称）という2つの在留資格の新設を提案したい。これらの2つの在留資格は、入管法別表第1に新設されるものとする。いずれも、日本入国後5年間あるいは3年間、地方圏の6地方28道県のどこかの場所での就労・生活を義務付け、その期間が過ぎたら、在留資格「永住者」を申請できるものとする。

　「地方創生1号」は、現行の技能実習という資格に対応する低熟練労働力としての職種を念頭に置いている。これは、表Ⅴ-2から、地方圏における技能実習に従事する労働力の需要が大きいことを反映したものである。

　興味深いことに、日本での就労・滞在経験を持った外国人を対象とした資格で、行政書士入管手続研究会（2017: 2-3）が「一般就労者」という新しい資格を提案している。この「一般就労者」の提案理由として、同研究会は、「現行の入管制度では専門的・技術的分野と評価されない分野であっても、日本で働く

ことに意欲と熱意と能力を有する外国人を受け入れることを可能にするため」、と述べている。この資格の対象に、技能実習などの資格で合法的に日本に在留したことのある者を含めている。ただし、この「一般就労者」は、「本邦に「研修」又は「技能実習」の在留資格で5年以上在留したことのある者で、帰国後技術移転に関わる業務に従事し3年以上経過した者であること」を、上陸許可基準のひとつに挙げている。この基準は、技能実習生がいったん帰国して途上国への技術移転に貢献するという大義名分と矛盾しないような配慮から、導入されている。

ただ、行政書士入管手続研究会によるこの提案では、日本に再入国するだけでも8年待たねばないことになる。しかし、前章の表Ⅳ-1に明らかなように、地方圏の人口減少は1980年代から始まっており、できるだけ早く対応する必要があることを念頭に置くと、もっと迅速な対応を考えるべきである。ただし、現行の技能実習に比較し、ここで提案する「地方創生1号」は永住までの基準が高くないため、海外から大量の低熟練労働力が殺到することになり、大きな混乱をきたす可能性がある。これを避けるには、「地方創生1号」の上陸許可基準に、出身国での学歴として高校卒業以上であることなどを加えるとともに、労働市場テストによって、日本人労働力が不足している分野や職種に限定することや、国ごとに受け入れ数の上限を定めること、などを検討すべきであろう。さらに、永住申請のためには、この「地方創生1号」の在留期間満了までに、日本語能力として例えばN2以上の取得を課してもいいであろう。

また、「地方創生2号」は、行政書士入管手続研究会(2017:3-5)が新設を提案している「観光業務」と「日本文化発信活動」に近い内容の資格を想定している。双方とも、地方圏における需要が大きく、地方創生への貢献を期待しうる職種に対応しているからである。「地方創生1号」が低熟練労働力を想定しているのに対し、「地方創生2号」は熟練労働力を念頭に置いている。

ちなみに、この研究会が提案する「観光業務」については、訪日外国人観光客の増加に向けて、「日本に在留する外国人やかつて日本に在留したことのある外国人は、出身国と日本の双方の言語、文化、歴史、自然などについて知識経験を有していることから、日本を訪れる外国人観光客と日本社会とのリエゾン(橋渡しする人、仲立ちする人)としての役割が大いに期待できます」、と説明

されている（行政書士入管手続研究会 2017: 3）。また、「日本文化発信活動」については、日本への外国人観光客の急増とも相俟って、日本の伝統文化や日本独特の感性を生かしたポップカルチャーなどへの海外の関心が急速に高まっており、これからはこれらを日本だけのものにとどめず、世界の人々の共有財産として保存し育てていくことが必要である、と説明されている（行政書士入管手続研究会 2017: 4-5）。他に「地方創生2号」は、現行の地域おこし協力隊を外国人にも拡大し、その受け皿としての在留資格とすることも考えていいであろう。また、「地方創生2号」も、「地方創生1号」と同様、出身国での学歴や日本語能力についての条件を課してもいいように思われる。

　「観光業務」と「日本文化発信活動」の資格には、それぞれ上陸許可基準が掲げられている。このうち、「観光業務」の上陸許可基準の一つとして、「かつて日本に有効な在留資格をもって3年以上在留したことのある者」が提案されている（行政書士入管手続研究会 2017: 4）。この規定は示唆的である。本章で提案する「地方創生2号」の在留資格を有する外国人は、地方創生に貢献するには、日本の地方の状況に詳しくなくてはならない。そこで、上記の規定を参考にして、日本での滞在年数を上陸許可基準の一つとして課すことは有効である。何年の年数を課すべきかについては、後述する。

　さて、地方圏の人口減少の緩和に貢献するには、地方圏での一定期間の居住義務を課す必要がある。これについては、以下のような措置を考えればいいであろう。まず、法務省の永住許可に関するガイドラインによれば、「1　法律上の要件」のひとつとして、以下のような規定がある（法務省 2017）。

　　原則として引き続き10年以上本邦に在留していること。

　また、このガイドラインには、「2　原則10年在留に関する特例」の箇所に具体的に7つの特例が記されている。「地方創生1号」あるいは「地方創生2号」という新しい在留資格を持つ外国人の流入によって、今日人口減が深刻化している地方圏の立て直しを図るという本章の立場からすると、この特例の中に新たに、例えば、以下のような規定を加えるべきであろう。

(8)「地方創生1号」あるいは「地方創生2号」の資格を持って、永住許可申請日以前から、それぞれ5年以上あるいは3年以上継続して本邦の6地方(北海道、東北、北陸、中国、四国、九州)のいずれかに在留していること。

　ここで、永住申請までの期間として、「地方創生1号」は5年以上、「地方創生2号」は3年以上としている理由について、述べておきたい。

　両資格に関する永住許可の要件としての居住年限は、上述の規定にある通常の10年よりは短く、高度人材に関する特例で規定されている3年(ポイント70点以上)と同じか、あるいはそれより長いことが望ましい。一方、地方圏の人口減は、表Ⅳ-1で示したように、前世紀から続いており、この問題への対処が喫緊の課題となっていることを考えると、この年限が短いに越したことはない。ここで提案している「地方創生1号」は新規流入する低熟練労働力としての外国人、「地方創生2号」は日本での滞在経験を踏まえて申請を行う熟練労働力としての外国人を想定している。この違いのため、永住申請までの年数は、後者については前者より短くするのが妥当であろう。

　そこで、「地方創生1号」は5年を年限とすることを考えたい。また、前述したように、「地方創生2号」の資格の取得には、それに先立って日本の地方での在留経験が上陸許可基準の一条件として必要になるので、その年数を2年とし、さらにその後、この資格による永住申請までの在留期間の年限を3年とするのがいいのではなかろうか。こうすると、2つの期間はあわせて5年となり、「地方創生1号」で想定している5年と同じ長さになり、わかりやすい。以上の理由から、「地方創生1号」の資格で5年間、「地方創生2号」の資格で3年間、地方に居住した外国人は、その後に永住申請できるという道を開くことを提案したい。

　なお、原則10年在留に関する特例の(5)として、地域再生法に基づき認定された地域再生計画において明示された同計画の区域内に所在する公私の機関において、地域再生活動によってわが国への貢献があると認められる外国人の場合、3年以上の在留によって永住申請できることが述べられている(法務省2017)。この措置は、ここで提案している「地方創生2号」と類似した目的で、

用意されており、永住申請までの年数も同じことに言及しておきたい。

　当該の外国人の立場から言えば、この誘導政策によって、5年間あるいは3年間にわたる地方圏の6地方のいずれかでの就労や居住によって、永住権を手にするという大きなメリットを獲得できる。地方圏の自治体の側から言うと、「地方創生1号」または「地方創生2号」の資格を持つ外国人に5年あるいは3年の居住義務が課せられるために、人口減少に歯止めをかけることができるうえ、外国人労働者が増えて人手不足を解消でき、労働市場が活性化する。この措置によって、現在の閉塞的な状況に風穴をあけ、前向きな長期的展望を描くことにつながると期待される。

　本章では、地方圏の人口減少問題への対策という観点から、地方圏への外国人の政策的誘導について具体的に論じてきた。ここで詳しく述べる余裕はないが、こうした措置が、地方圏において住民の「多様性をテコに再活性化を図る極めて重要なリソース」（毛受 2016: 4）となるという意義を持っていることを強調しておきたい。外国人受け入れのプラス面に積極的な関心を向けることの重要性は、オーストラリアのサウスオーストラリア州へのSSRM計画に大きな関心を注いだG.ヒューゴによる、人口減に直面しながら、外国人の積極的受け入れに躊躇している日本に向けたメッセージにおいて、繰り返し述べられている（ヒューゴ 2014）。

　なお、この小節で提案した地方創生をめざす新しい在留資格に基づいた施策が、前の小節「（3）オーストラリアとカナダの相違点」で述べた3点にどう対応するかについても、触れておきたい。

　まず、第1の点、すなわち、誘導政策の対象となる移民労働力の熟練度に関しては、ここでの提案が現行の技能実習生という低熟練労働力も対象にしているという点では、カナダの政策に似ている。また、第2の点、すなわち、誘導政策の対象となる外国人の永住権取得の時期と流入先での居住義務期間に関しては、日本入国から地方圏での5年または3年の居住義務の後に永住の道が開けるという点では、オーストラリアの政策に似ている。さらに、第3の点、すなわち、6地方のどの範囲への外国人の分散を意図しているかに関してであるが、ここでの提案が現行の技能実習という在留資格が農業関連の職種も対象にしていることは、県内の小都市や農村部への分散が含意されている。その意味

では、カナダのマニトバ州の事例に近い性格を持っている。

(4) 国および地方の担当組織

　本章で論じている誘導政策は、地方自治体が希望する外国人労働者の受け入れを国に申し入れる制度である。そのため、地方のどの組織が国のどの組織に申し入れるのかを、明らかにしておく必要がある。

　2節で紹介した海外の事例では、地方での推進組織は州（カナダではProvince、オーストラリアではState）という地方政府である。誘導政策は、国の担当省庁と地方での下部組織が連携をとりつつ、業務を担当するのが望ましい。ちなみに、オーストラリアでは移民・国境警備局が国の担当組織であり、各州の中にSSRMを担当する部署がある（サウスオーストラリア州の場合、同州政府の中のサウスオーストラリア州移民課）。また、カナダではカナダ移民・難民・市民権局が国の担当組織であり、各州の中にPNPを担当する部署がある（マニトバ州の場合、同州政府の中のマニトバ州労働・移民課）。つまり、両国では、誘導政策が国の移民関係の組織とその地方での下部組織が担当する体制ができあがっている。

　日本の場合、多文化共生庁（川村 2004）のような組織ができあがっている場合には、これが国の担当組織となるべきである。しかし、それがまだ実現していない現状では、誘導政策を担当すべき国の組織は、在留資格の審査を担っている法務省入国管理局となろう。では、地方の担当組織を、入国管理局の下部組織が担えるであろうか。日本では、入国管理行政を行うための国の機構として、法務省に入国管理局が設けられており、その下部組織として、地方入国管理局（8局）、同支局（7局）、出張所（61か所）および入国管理センター（2か所）が設けられている（入国管理局 2017）。地方入国管理局は地方ブロックの中心都市である札幌、仙台、東京、名古屋、大阪、広島、高松、福岡に、支局は外国人が日本入国の際利用する可能性の大きな空港や港などである成田空港、羽田空港、横浜、中部空港、関西空港、神戸、那覇に置かれている。出張所は、地方入国管理局や支局がない都市、具体的には県庁所在都市および地方の空港や港の所在地に置かれている。都道府県という空間的スケールにおける入国管理局の中の組織が出張所である。

　ここで検討されるべき点は、法務省入国管理局の下部組織である地方入国管

理局、同支局、出張所が、誘導政策の地方での担当組織となりうるかである。結論から言えば、なりえないように思われる。これらの下部組織の主な業務はあくまで入管業務であり、人口減少や経済的停滞といった問題に取り組む組織ではないからである。

　ほかに誘導政策の地方での担い手の候補となりうるのは、広域自治体としての道県か、あるいは基礎自治体としての市町村である。誘導政策の目的が地方圏の人口減少への対策であり、そのためには、この問題をできるだけ広い空間的範囲で、しかも柔軟で長期的な観点から検討する必要がある。こう考えると、市町村よりずっと広い範囲を管轄している道県が、この誘導政策の地方での担当組織となるのが自然である。

　とはいえ、現在、特に誘導政策の対象地域とした6地方の道庁や県庁の中に、外国人関連の事項を包括的に扱う単独の部課が設けられている例はほとんど見られない。これらの地方では、外国人数自体が少なく、そうした部課を設ける必要がないからであろう。これは、将来の誘導政策を担う道県の部署が、現行の組織では不十分なことを示唆する。

　ここで論じている誘導政策の基本的な狙いは、地方創生、具体的に述べると、人口減少や経済的活力の衰退という深刻な問題に直面している地方圏に、外国人労働力を導入することによって、振興や再生を図ることである。この狙いを実現する前提として、自らの自治体内の労働市場においてどのような労働力が現状として不足しているかを、的確に把握する必要がある。そのためには、道庁や県庁の中に、外国人労働力の需要を精査し、中央政府、具体的には法務省入国管理局に受け入れを交渉する組織を新たに設置することが望ましいであろう。かかる組織は、外国人関連の業務を現在担っている部課を再編して設けるということでも構わないであろう。

　地方圏におけるこの新組織は、地方創生という目的で受け入れる外国人労働力の調査や雇用主とのマッチング、ならびに国との交渉が主な業務となる。こうした新たな業務は煩雑であり、現行の体制ではあまり歓迎されないかもしれない。しかし、従来、特定の県への外国人労働力の導入に主に携わってきたのは当該県にある企業であり、その意味で、外国人の受け入れが市場の力によって決まってきた。そのため、県が自らのリーダーシップで労働市場の拡大を図

る余地は小さかった、と言えよう。それを歯がゆく感じていた関係者も多かったのではないか、と推察される。県が誘導政策の地方での担当組織となることは、自らの裁量で自県の将来を描けることを意味しており、今日疲弊感を味わっている地方圏の広域自治体にとって、明るい材料となるのではなかろうか。地方創生に貢献しうる外国人の受け入れが持つ重要な意義が広く認識され、誘導政策を新しい負担としてではなく、明るい将来を描くための不可欠な処方箋と理解していただくことが重要であろう。

　これに関連し、誘導政策関連の業務の遂行のためには、これまで求職と求人の情報を集め、職の斡旋を行ってきたハローワーク(公共職業安定所)と連携すべきである。この組織は、雇用の紹介やマッチングという面で実績を積んできているからである。ただし、ハローワークは主に日本人労働力への雇用の斡旋を対象にし、外国人労働力への雇用の斡旋にはほとんど利用されてこなかったこと、基本的に市または都市圏単位で設置されていること、県内の多数のハローワークを統括する県レベルの組織は存在しないようであること、などのために、誘導政策の地方における担当組織となることは難しいように思われる。

　さらに、この誘導政策を担当する道県の新しい部課が担うのは、外国人労働力の職の斡旋以外に、彼らへの住居の斡旋もある。カナダのPNPによる移民の受け入れについても、住宅の提供が地方の担当組織の重要な仕事のひとつであった。ただし、これについては、ここで詳しく触れる余裕はない。基本的な方針としては、地方創生という資格を持つ外国人に、安価で良質な住宅を提供することである。公営住宅の積極的な利用が考えられるし、現在急速に増加している空き家を整備し、利用することも検討されてしかるべきである。

(5) 外国人住民に対する地元の定住支援

　誘導政策によって受け入れる外国人を、地元の自治体で定着させるためには、当該の自治体やコミュニティでの、日常生活の多様な局面での定住支援の活動が不可欠である。これが不十分だと、せっかく受け入れた外国人が、居住義務が課される期間の終了後に流出することになりかねない。前述したカナダのマニトバ州における、PNPによって受け入れた移民の残留率が90％という驚くべき高さを示したのは、地元自治体で熱心な定住支援サービスがあったから、と考えるべきである。

これまで、日本の地方圏の6地方への外国人の政策的誘導の具体策について検討してきたが、その中では、この政策を利用して6地方における特定の自治体に5年間または3年間の居住義務が課され、その後に永住資格を取得し、居住地選択の自由も約束されることになる。この枠組みの中では、居住義務が課される期間において、地元での熱心な支援活動が行われれば、永住資格取得後もその自治体に残留し、長く定住してくれる可能性が高くなるであろう。逆に、支援が不十分なら、いずれ当該の外国人が三大都市圏に流出してしまうことになりかねない。この意味で、地方圏への外国人の政策的誘導においては、受け入れた自治体における彼らへの支援が大きな鍵となろう。

外国人住民に対する地元での支援は、全国の多くの自治体で、特に2006年から推進されてきた多文化共生策を踏まえて実施されている。この施策は各自治体の実情にあわせて策定され、支援サービスの提供という点で実績があるし、施策の実施状況に関する調査や研究についても一定の成果がある（佐竹2011;藤巻2012;毛受2016）。現状では様々な問題が指摘されているが、たとえ不十分ではあっても、従来一定の実績はあることはなかなか心強い。そのため、例えば、県庁にこの誘導政策を担当する部課を設置することなど、ほとんどゼロからの準備が必要な事項に比べれば、定住支援策の提供はハードルが低いように思われる。日本在住の外国人の支援組織の一例としては、都道府県や市の外郭団体として国際交流協会がある。さらに、外国人集住都市会議の参加自治体も、これまで様々な支援活動を行ってきている。こうした既存組織による定住支援の活動の実績も、大いに参考となろう。

ところで、外国人住民が日本で暮らす中で直面する課題として、鈴木（2011）は、日本語がわからないことによる「言語の壁」、医療や教育、労働など本国と異なる「制度の壁」、日本人との接点がないことで偏見や差別による「心の壁」の3つがある、と述べている。そして、これらの壁に関する具体的な事例を挙げるとともに、それらを克服するための解決策にも積極的な提案を行っている。誘導政策が奏功するためには、この政策の対象となる外国人をめぐるこうした壁が取り除かれる必要がある。これら3つの壁のうち、「言語の壁」と「心の壁」は、外国人住民に対する地元での定住支援策によって、ある程度取り除かれ得よう。「制度の壁」は、以下で述べる国としての法整備によって解

消される必要がある。

(6) 国としての法整備の重要性

　以上、人口減少をはじめ、様々な問題に直面し、疲弊感を強めている日本の地方圏への外国人の政策的誘導の具体策について考察してきた。細部に関しては、なお検討すべき点が多く残っているが、この政策に直接関係する枠組みの概略に関する検討作業はおおよそ済んだように思われる。これに関連して、最後に、国として外国人受け入れに関する法整備の重要性について述べておきたい。

　日本の外国人政策に関する現状の大きな問題点は、未熟練労働力を含む多数の外国人が多様な在留資格で国内に居住しているにもかかわらず、国としての包括的な社会的統合策が欠落していることである。日本には入管政策はあるが社会的統合政策はない、という指摘は至る所で見いだすことができる(例えば, 山脇 2002; 北脇 2011; 田村 2011; Vogt and Roberts 2011)。これまで、多文化共生庁の創設(川村 2004)、多文化共生社会基本法の制定(山脇 2002)、移民基本法の制定(安里 2011b)が提案されたこともあったが、いずれもまだ実現していない。現在、社会的現実と法制度の乖離が大きくなっているのである(小畑 2012; 明石 2012)。しかし、こうした根本的な問題が改善されないまま、現政権下においても、労働力が不足している特定分野への外国人受け入れが矢継ぎ早に進められている(明石 2017a, b)。

　本章で提案した外国人の地方圏への誘導政策が近い将来導入されることを、筆者は希望している。しかし、この導入は、日本が外国人の積極的な受け入れによって、21世紀を通じての最重要な国内問題と言える人口減少問題に対処することを国として公式に認め、関連する包括的な法制度を整備することとセットで、進められるべきである。

4　小　　括

　現代日本の地方圏の疲弊を生んだ最大の原因は、過去半世紀以上にわたる地方圏から三大都市圏、とりわけ東京圏への若年人口の流出であった。この流出は依然として継続している。これを補うための移住支援策が、現在、地方圏の

多くの自治体で活発に進められている。この努力は貴重であるが、その主な対象は日本人に限られている。しかし、日本人自身が減少しつつある現状を考えると、これは日本人の争奪の施策であり、そのために、移住支援策が人口減少の対策として奏功するのは、一部の自治体に限られるであろう。地域人口の改善のためのもうひとつの道である出生率の改善は、近い将来に大きく改善するにしても、そのプラスの効果が具体的に現れるのは、新しく誕生した世代が労働市場に入る約20年後のことである。この間に地方圏の人口減は一層進み、状況がさらに悪化することになる。

　以上のように考えると、人口減に起因する苦境を打開する可能性のある方策として、外国人の流入に期待せざるを得ない。しかし、外国人の現在の居住地が三大都市圏に顕著な集中を示しており、地方圏の振興のためには、彼らを地方圏に政策的に誘導する方策が有効である。本章では、オーストラリアやカナダで1990年代に導入された政策の事例を紹介した後に、日本の地方圏に位置する6地方（北海道、東北、北陸、中国、四国、九州）の28道県に新規に流入する外国人の誘導をめざす政策の枠組みを検討した。そして、これらの道県が希望する外国人労働力に新しい在留資格「地方創生1号」と「地方創生2号」を付与して、法務省入国管理局に受け入れを交渉すること、認められた外国人はこれらの地方の流入先に5年間または3年間居住し地方創生に貢献した後に、永住資格を取得できる道を開くこと、を提案した。

　本章では、外国人の地方圏への誘導政策の概略を検討したに過ぎず、本格的導入のためには詳しく検討すべき点が多々残っている。しかし、その詳細な検討は今後の課題としたい。ともあれ、この政策が実現に移され、人口減少をはじめとする地方圏の窮状が緩和されることを願わずにはおれない。

第VI章　日本の国内引退移動再考

1　はじめに

　わが国では2008年に総人口がピークに達して、その後減少が始まり、今後長くこの傾向が続く。国の総人口の減少と並んで、人口減の地域差も重要な問題となっている。人口減が早くから進み疲弊感を強めている地方圏と、依然として人口増加が継続し一極集中が進展している東京圏との間の格差に、大きな注目が集まっている（増田 2014）。この問題に対処するために、内閣府にまち・ひと・しごと創生本部が2014年に設置された。地方圏の大多数の自治体では、若年人口の転出超過に悩んでいるが、この問題の緩和に貢献する、地方圏に向かう人の流れが見られないのであろうか。この検討は、目的地選択行動の異なる日本人と外国人ごとに行う必要がある（Ishikawa 2011, 2015; Hanaoka *et al.* 2017）。

　定年退職をきっかけとして、それまでの居住地から新たな土地に移り住む場合、移動先が海外か国内かによって、引退移動は国際移動と国内移動に分けることができる。国際引退移動の既存研究としては、King *et al.*（2000）、Casado-Díaz *et al.*（2004）、久保・石川（2004）、Breuer（2005）、篠崎（2007）、石井（2007）、小野（2007, 2012）、河原（2010）、稗田ほか（2011）などがある。一方、国内の引退移動の事例としては、田原ほか（2000）、谷川（2004）、竹下（2006）、橋詰（2013, 2014）、Weidinger and Kordel（2015）などがある。本章の対象は後者であるが、こうした文献の刊行年から判断すると、少なくとも日本で引退移動が注目を集めるのは、ここ20年たらずのことである。以上のように、引退移動の既存研究は、少数ながら存在するにもかかわらず、現段階で国内引退移動の全体像が明らかになった、とは残念ながら言えない。引退移動の研究が遅れている理由として、以下の4点を挙げることができるからである。

第1に、わが国を対象とした既往研究の多くがアンケート調査や聞き取り調査に依存しているが、被験者の数が概して少ないうえ、調査が特定の対象地域で行われており、得られた知見をどれほど一般化できるかどうかに関しては、確たる見通しが立たない。こうした限界を念頭に置くと、悉皆調査である国勢調査など、包括的なデータソースを利用した研究が望ましいと言えよう。国勢調査の移動データは、調査の5年前の住所を出発地、調査時の住所を到着地とみなせるので、引退直後の年齢を取り出せば、国内引退移動を把握可能である。一方、調査時の住所が国外となる国際移動は、国勢調査の対象外となるため、このソースから国際引退移動は把握できない。

第2に、引退移動を特定するために、アンケート調査や聞き取り調査以外に、いかなる簡明で頑健な分析方法を採用すべきかに関して、積極的な関心が向けられてこなかった。これに関し、筆者は移動スケジュールの利用が有用と考えている。

第3に、「引退移動＝温暖な土地へのIターン移動」という暗黙の思い込みが、わが国を舞台とした引退移動の実態解明に妨げてきたように思われる。これは、例えば、イギリス人の地中海沿岸地域への国際引退移動を詳しく検討した、有名なKing *et al.* (2000)の研究の影響と考えることもできる。わが国では、引退を契機とするUターン移動にも、眼を向ける必要があると思われる。

第4に、欧米における高齢者の移動研究と比較し、わが国における研究の遅れを指摘せざるを得ないであろう（田原・岩垂 1999; 田原ほか 2003; リャウ 2005）。引退年齢はわが国では60歳が一般的である（厚生労働省 2015）。この年齢は、65歳以上と一括される高齢者の前の年齢にあたり、高齢者のいわば予備軍と考えることが可能である。したがって、引退移動の研究は、高齢者の移動研究と連携しつつ、進める必要があろう。

本章の目的は、2010年国勢調査のデータを用いて、日本における国内引退移動の実態を明らかにすることである。主な対象は日本人である。引退移動とは引退あるいは退職を契機とする居住地の変更をさし、具体的にはUターンあるいはIターンという形をとると考えられる。なお、引退移動を5歳ごとの年齢階級で検討する場合、日本では60歳定年が一般的なので、60～64歳階級が直接の対象となる。2010年の国勢調査時におけるこの階級は、1947～49年に

生まれた団塊の世代を含んでいる。周知のように、この世代はコーホート規模が大きく、彼らの間での引退移動の有無が大きな関心を集めてきたが、わが国では引退移動は一般的には見られないという見解が支配的であった（河邉・井上 1991: 166; 大友 1996: 102-103; 石川 2001: 280-281; 田原 2007）。本章では、60〜64歳人口の純移動率の算出や純移動スケジュールの作成、さらに、引退移動者の転入の顕著な自治体を対象とした聞き取り調査から、国内における引退移動の実態を解明したい。

　本章の構成は、以下のとおりである。2節で人口移動効果指数に基づいて、年齢別の移動方向について検討し、3節で移動スケジュールを用いた研究方法について紹介する。次に、4節と5節でそれぞれ純移動スケジュールによる都道府県別と市町村別の検討を行う。6節では、引退移動者の転入の顕著な自治体でのインタビュー調査の結果について述べる。最後の7節で得られた主な知見を要約するとともに、その政策的含意を述べる。

2　効果指数からみた移動の方向性

　ところで、引退移動者の大多数は年金生活者を中心としているため、彼らは生活費の安い地域に向かう傾向があると推察される。こうした条件を典型的に持つのは、国土の周辺部や農村部であるため、引退移動は、一般的に言うと国土の中心部から周辺部へ、わが国の場合は三大都市圏から地方圏へ向かうと予想される。こうした観点から、引退移動がどのような方向に流れているのかを確認しておきたい。このような検討の重要性は、日本創成会議による市区町村別長期人口推計に基づいた地方消滅論が2013年の年末に発表されて以降、地方圏への人口移動に大きな関心が寄せられている現状（増田 2014）を念頭に置くと、理解されよう。

　ところで、対象としている移動が双方向的か一方向的かを知る測度として、人口移動効果指数がある。この指数は、この状況では、次のように定義される（小笠原 1999: 78-80）。

　　人口移動効果指数＝（Σ｜転入−転出｜／Σ転出）×100

ここで、∑｜転入−転出｜は各都道府県の転入から転出を差し引いた数（純移動数）の絶対値を47都道府県について合計した数、∑転出は各都道府県の転出を47都道府県について合計した数、である。この測度は、0.0（転入と転出が等しく、完全な双方向の状態）と100.0（転入あるいは転出のいずれか一方がゼロで、完全な一方向の状態）の間を動く。

　表Ⅵ-1に、2010年国勢調査に記載のある2005〜2010年の移動データから、5歳年齢階級別の指数値を示した。同表の2005〜2010年の指数は、15〜19歳で66.1、20〜24歳で56.6と高い。これは、よく知られた、地方圏から三大都市圏に向かう若年人口の一方向的な移動が支配的なことを意味している。一方、25〜29歳から55〜59歳までは指数値が20.0未満となっており、これらの年齢階級については、双方向的な移動という傾向が強い。しかし、55〜59歳から指数値が上昇を見せ、60歳以上ではいずれの年齢階級も27.0以上を示しており、一方向的な性格が強くなる。本章の主な対象は60〜64歳人口であるが、この年齢階級の一方向的移動とは、はたして、15〜19歳や20〜24歳の若年人口と同様、地方圏から三大都市圏への移動をさしているのであろうか、それとも、その逆の三大都市圏から地方圏への移動をさしているのであろうか。結論から言えば、以降の分析から明らかなように、三大都市圏から地方圏への移動が卓越しているとみなせる。つまり、引退移動は人口減が進行し、様々な問題が山積している地方圏を指向しており、その意味で現代日本にとっての意義が重要なことを示唆している。

　ところで、表Ⅵ-1には、1995〜2000年の期間を対象に同じ指数を求めた平井(2007)の算出結果も示している。彼の主たる関心は、65歳以上の高齢者の移動にあり、65〜74歳の前期高齢者は三大都市圏から地方圏という流れが、75〜84歳の後期高齢者はその逆の地方圏から三大都市圏へという流れが、支配的なことに言及している。

　表Ⅵ-1には、2つの期間の指数値の変化も掲げている。両期間の指数値は類似しているため、1995〜2000年当時、既に60〜64歳階級人口は三大都市圏から地方圏への流れが支配的であったと推察しうる。つまり、2010年国勢調査データに示された引退移動の傾向は、既に2000年までに形成されていたと考えて差し支えないように思える。

指数値の 10 年間の変化をみると、ほとんどの年齢階級で指数が減少しており、それだけ移動が全体的に双方向的な傾向を強めたと言える。この傾向が顕著なのが 55～59 歳階級と 60～64 歳階級であり、それぞれ、指数値が 12.4、10.9 と比較的大きな減少を示している。こうした変化を生んだ具体的な理由は不明である。

3 研究方法

本章で用いる方法は、縦軸を移動率、横軸を年齢とする年齢別移動率を示す折れ線グラフであり、特に引退直後の年齢にあたる 60～64 歳の純移動率に注目したい。この方法の利点は、国勢調査という包括的データソースから作成可能なうえ、引退後の年齢で移動率がそれ以前の年齢に比較して高まるなら、引退移動の明確で説得的な証拠とみなせることである。

年齢別の移動率を示す折れ線グラフは、人口移動スケジュール（migration schedule）と呼ばれる。この移動スケジュールに関する研究は、オーストリアのウィーンの南郊ラクセンブルク（加賀美 2015）にある国際応用システム分析研究所（International Institute for Applied Systems Analysis、IIASA）における「人口移動と定住（Migration and Settlement）」研究プロジェクト（1975～82 年）から生まれた重要な成果のひとつである（Rogers and Castro 1986）。ちなみに、IIASA は、1972 年 10 月、東西冷戦下において成熟社会に共通する諸課題を研究するために、東西両陣営の主要国がその政治的立場を離れ、同等の参加をめざした非政府ベースの国際研究所として設立された（公益財団法人地球環境戦略研究機関 2015）。

表Ⅵ-1 人口移動効果指数

年齢階級 （歳）	1995～ 2000 年	2005～ 2010 年	変化
5～9	17.7	12.7	-5.0
10～14	17.1	11.3	-5.8
15～19	69.7	66.1	-3.6
20～24	54.5	56.6	2.1
25～29	19.4	17.2	-2.2
30～34	18.9	14.2	-4.7
35～39	18.6	11.8	-6.8
40～44	16.6	8.0	-8.6
45～49	14.3	5.6	-8.7
50～54	16.0	6.2	-9.8
55～59	28.2	15.8	-12.4
60～64	48.1	37.2	-10.9
65～69	43.9	41.5	-2.4
70～74	32.8	30.7	-2.1
75～79	31.8	27.8	-4.0
80～84	39.2	35.7	-3.5
85～	41.3	48.6	7.3

注）1995～2000 年の指数値は、平井（2007）による。

（資料：『国勢調査』）

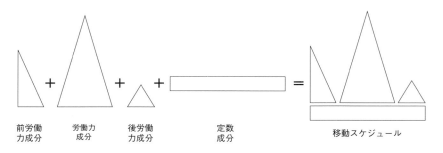

図Ⅵ-1　移動率に関わる4成分
(Rogerson and Castro(1986: 175)を参考に、筆者作成)

　このプロジェクトによる成果全体の俯瞰としては、Rogers and Willekens(1986)をご参照いただきたい。人口移動スケジュールの縦軸の移動率は通常、転入率あるいは転出率として示される。移動率は加齢とともに系統的に変動することがわかっており、それを図形的に表現すると、前労働力成分、労働力成分、後労働力成分、定数成分の4つを組み合わせたものとなる(図Ⅵ-1)。ここで、前労働力成分は、労働市場に入る前の親と同居している年齢で、親に随伴して居住地を変更する際の移動率を示す。労働力成分は労働市場に入っている年齢での移動率、後労働力成分は労働市場を退出して以降の年齢に関する移動率、を示している。定数成分は、移動率が低い年齢であっても、皆無となることはなく、低い水準ながら移動を行う可能性があるために用意されている。

　なお、前労働力成分・労働力成分・後労働力成分の3成分を観測値を用いて図を描くと、移動率が直線状に変動することはないため、その変動に次の式で表現される二重指数関数をあてはめて表現することもある(図Ⅵ-2)。

$$M(x) = a_1 \exp(-\alpha_1 x)$$
$$+ a_2 \exp[-\alpha_2(x-\mu_2) - \exp\{-\lambda_2(x-\mu_2)\}]$$
$$+ a_3 \exp[-\alpha_3(x-\mu_3) - \exp\{-\lambda_3(x-\mu_3)\}]$$
$$+ c$$

ここで、xは年齢(歳)、$M(x)$はx歳での移動率、a_1、a_2、a_3、α_1、α_2、α_3、μ_2、μ_3、λ_2、λ_3、cはパラメータである。各パラメータの意味については、Rogers and Castro(1986)や河邉・井上(1991)を参照いただきたい。上式を適用して得

3　研究方法

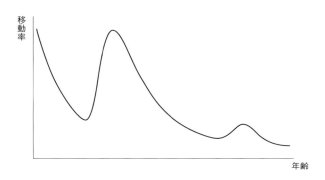

図Ⅵ-2　モデル人口移動スケジュール
(Rogerson and Castro(1986: 172)を参考に、筆者作成)

られる滑らかな曲線で示された移動率(図Ⅵ-2)は、モデル移動スケジュールモデルと呼ばれる。

　上式の4成分のうち、後労働力成分が、労働市場から退出する、引退を契機とする移動率を示す。移動スケジュールの縦軸は転入率や転出率とすることが多いが、その場合、転入率や転出率は通常、10代後半から20代前半に生涯において最も高くなる。これが労働力成分のピークにあたる。一方、60歳前後に現れる後労働力成分のピークの移動率は、労働力成分より高さがずっと低い。そのため、後労働力成分のピークをローカルピークと呼ぶことも可能である。

　IIASAの「人口移動と定住」プロジェクトには、17か国から錚々たる人口関連の分野の研究者が結集し、1982年に終了した(Rogers and Willekens 1986: 5)。その成果のひとつである移動スケジュールに後労働力成分が用意されていることは、このプロジェクトに参加した多くの国の間では、引退移動が一般的に見られることを示唆している。日本もこのプロジェクトに参加しており、日本に関する報告(Nanjo et al. 1982)も刊行されているが、後労働力成分が明記された図は見当たらない。IIASAにおける移動スケジュールの研究を総括したRogers and Castro (1986)の論文でも、日本のデータには、後労働力成分を欠いた縮小モデルが適用されている。また、モデル人口移動スケジュールを日本で初めて本格的に紹介し、それを日本のデータに適用した河邉・井上(1991)や、人口移動転換の研究に日本の地方別のモデル人口移動スケジュールを適用した

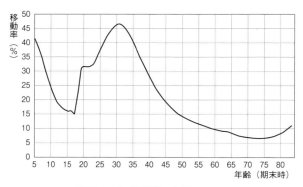

図Ⅵ-3　全国の移動スケジュール

(資料:『国勢調査』)

石川(2001: 207-255)でも、同様の縮小モデルが使われている。以上は、日本では引退移動が一般的ではないという見解を踏まえていたと考えていい。

この点を確認するために、図Ⅵ-3に、2010年国勢調査のデータを使い、2005〜2010年に移動を行った者(海外からの流入者を除く)の数を分子、2010年の当該年齢の人口を分母に入れて算出した移動率から作成した全国の移動スケジュールを示す。なお、ここでの移動は、国勢調査報告における5年前の常住地の4類型である「自市区町村内」、「自市内他区」、「県内他市区町村」、「他県」のいずれであるかを問わない。すなわち、ここでの移動者は、移動距離の長短にかかわらず、上記の5年間に住所変更のあったすべての者である。

図Ⅵ-3によると、移動率は、期末時年齢が5歳の41.3％から低下し始め、17歳で15.0％の底を記録している。以降、徐々に上昇し、31歳の時に46.5％のピークに達した後、73歳の6.7％までほぼ一貫して低下している。70代半ば以降は、高齢者福祉施設への入所および成人子との同居・近居のための移動などを反映して、移動率はやや高まっている。ともあれ、60歳前後の引退年齢における移動率の高まりは、同図から観察されない。これは、2010年国勢調査から判断する限り、わが国全体としては引退移動が依然として一般的ではないことを意味している。

とはいえ、特定の都道府県や市町村で見た場合、引退移動が観察されないのであろうか。以降の都道府県あるいは市町村単位の分析では、純移動率を中心

に検討を進めたい。ここで純移動率を用いるのは、地方圏の大多数の自治体では、10代後半から20代前半にかけての若年人口で転出超過が顕著であるが、それが、引退年齢の人口の転入超過によってどの程度回復しているのかを、視覚的に確認しやすいからである。なお、もし60〜64歳階級人口が転入超過を示すなら、その数より明らかに多い転入が存在することになるので、移動スケジュールを用いて引退移動の実態解明をめざす研究に、転入率ではなく純移動率を使うことで基本的に問題ないであろう。そのため、以下の考察では、60〜64歳の年齢階級で純移動スケジュールで折れ線の高まりが見られるかどうかや、純移動率がプラスの数値となっているかどうか、が焦点となる。

　ただし、60〜64歳人口の純移動率の算出に関し、特にその分母を入る数値をどのように用意するかに注意が必要である。通常、特定の自治体(都道府県あるいは市町村)に関する特定の年齢階級の純移動率の算出は通常、分子には、2010年国勢調査報告から判明する2005〜2010年の期間の純移動(転出超過)の数、分母には、この期間の期首、すなわち、2005年の当該年齢階級の人口が入る。しかし、本章では、以下の理由から、分母に2010年すなわち期末時の人口から、純移動の1/2を差し引いた数を入れている。

　第1に、2005〜2010年の期間に合併が見られた市町村があるためである(森川 2015: 23-334)。もし、2005年の人口を分母に入れるとすると、この期間に合併した自治体に関しては、合併前の自治体の当該階級の人口を合計する必要があり、純移動率の算出作業が面倒になる。第2に、引退移動を含むと考えられる60〜64歳の純移動率を正確に算出するため、この人口に関し、2005〜2010年において一定程度発生すると考えられる死亡の影響を除外する必要があるが、この問題は、期首時の2005年ではなく、期末時の2010年の人口を使用することによって対応可能だからである。分母を(期末人口−純移動×0.5)とする根拠は、次のように説明できる。

　期首時(2005年)に55〜59歳、期末時(2010年)に60〜64歳のコーホートの純移動率を算出する場合、この5年間に発生しうる死亡($D_{2005-10}$)を考慮すると、分子はこの期間の純移動数($NM_{2005-10}$)であり、分母は2005年の55〜59歳人口(P_{2005}とする)と2010年の60〜64歳人口(P_{2010}とする)の平均値、すなわち、$[(P_{2005}-D_{2005-10})+P_{2010}]/2$を用いるのが合理的である。このコーホートの人口

移動は 2005 年と 2010 年のちょうど中間、つまり期央に発生したと考えるのが妥当だからである。しかし、この計算のためには死亡のデータを投入する必要があるうえ、この期間に合併があった市町村については、合併前の自治体の人口を合算しなくてはならない、という問題がある。

しかし、これを打開する簡便法がある。なぜなら、

$$(P_{2005}-P_{2005-10})=P_{2010}-NM_{2005-10}$$

なので、純移動率計算の際の分母は、

$$\left[(P_{2005}-D_{2005-10})+P_{2010}\right]/2=(P_{2010}-NM_{2005-10}+P_{2010})/2=P_{2010}-(NM_{2005-10}\times0.5)$$

となる。この式の分母には 5 年間に死亡した人口が含まれないので、期首と期末の人口の平均を用いるよりもむしろ合理的とさえ言えるし、市区町村別分析の場合に、平成の大合併の影響を除くために、2010 年の自治体の範囲を 2005 年の範囲に組み替えて合計する必要がないので、再計算の手間を大幅に省力化できる。以下で用いる都道府県および市町村の純移動率はすべて、この方法で算出したことをお断りしておきたい。

4　都道府県別の検討

次に、都道府県別の純移動スケジュールに眼を向けたい。47 都道府県すべての純移動スケジュールを示すことはできないので、まず、北海道（60～64 歳人口の純移動率 0.54％）、東京（-1.87％）、愛知（-0.49％）、大阪（-1.11％）、山口（1.28％）、鹿児島（2.24％）の 6 都道府県の事例のみを、図Ⅵ-4～図Ⅵ-9 に掲げる。なお、2010 年の国勢調査報告では、都道府県の移動データは各歳別に掲載されているので、純移動スケジュールは各歳別に描かれている。なお、エクセルを用いて作成した純移動スケジュールを示したこれらの図では、縦軸の具体的範囲が、最大値と最小値に基づいて自動的に設定されるため、縦軸の範囲が図ごとに異なっているので、複数の図の比較に際してはご注意いただきたい。

6 枚のスケジュールの図をみると、三大都市圏の中心に位置する東京、愛知、大阪では、10 代後半から 20 代前半にかけての若年人口で大きな転入超過

4 都道府県別の検討

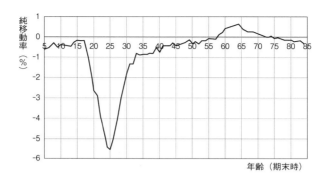

図Ⅵ-4 北海道の純移動スケジュール

（資料：『国勢調査』）

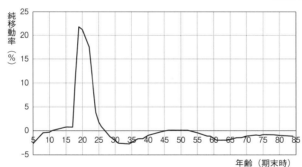

図Ⅵ-5 東京の純移動スケジュール

（資料：『国勢調査』）

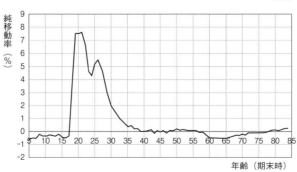

図Ⅵ-6 愛知の純移動スケジュール

（資料：『国勢調査』）

第Ⅵ章　日本の国内引退移動再考

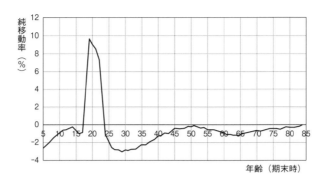

図Ⅵ-7　大阪の純移動スケジュール

（資料：『国勢調査』）

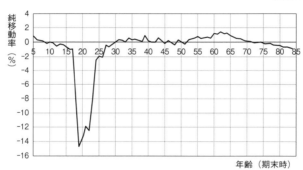

図Ⅵ-8　山口の純移動スケジュール

（資料：『国勢調査』）

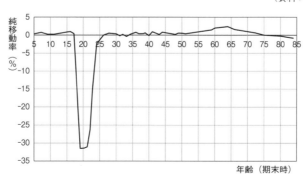

図Ⅵ-9　鹿児島の純移動スケジュール

（資料：『国勢調査』）

4 都道府県別の検討 131

となっているが、60～64歳では明らかに転出超過となっていることを見て取れる。一方、地方圏の北海道、山口、鹿児島では、その逆のパターン、すなわち、若年人口で大幅な転出超過がみられるものの、60代前半の年齢を中心に転入超過となっており、純移動率の高まりが観察される。

　紙幅の制約から、47都道府県すべてについて純移動スケジュールをここで示すことはできないため、60～64歳人口の純移動率を表Ⅵ-2に示すことにしたい。わが国では、11都府県（埼玉・千葉・東京・神奈川・岐阜・愛知・三重・京都・大阪・兵庫・奈良）から構成される三大都市圏とそれ以外から構成される36道県という二分法が、よく用いられている。表Ⅵ-2の60～64歳人口の純移動率を見ると、この階級が転出超過を示すのは、埼玉・東京・神奈川・愛知・京都・大阪・兵庫・奈良・広島の9都府県のみであり、これらは、広島を除き、上記の三大都市圏を構成する11都府県の中に含まれている。特に、東京・神奈川・大阪の3都府県が、1％を超える転出超過率を示している。なお、これと比較すると、名古屋大都市圏の中心である愛知は転出超過率がさほど大きくなく（−0.49％）、引退移動の出発地としての重要性は低いと言わざるを得ない。対照的に地方圏では、広島を除くすべての道県で、転入超過となっている。純移動率のこうした空間的変動は、60～64歳人口に関する限り、三大都市圏から地方圏への広汎な引退移動が展開していることを意味している。

　以上の知見、特に2010年国勢調査の時点での60～64歳階級の人口に関して、地方圏のほとんどすべての道県で転入超過が見られることは、次のように説明できるであろう。地方圏出身の団塊の世代を含むこの人口が、1960年代以降に三大都市圏に移動し、定年まで三大都市圏に住み、退職を機にその一部が地方圏の出身地にUターンしているため、と考えるのが自然であろう。人口移動効果指数をまとめた表Ⅵ-1は、この年齢階級が一方向的な移動が支配的なことを物語っているが、それは地方圏出身者のUターン移動を主な実態としている、と想定すると納得できるのである。

　ただし、プラスの純移動率の数値をよく見ると、概して、東日本で低く西日本で高い傾向にある。すなわち、北海道・東北・北陸の11道県では、青森の0.05％が最低、福島の0.81％が最高なのに対し、中国（広島を除く）・四国・九州・沖縄の16県では、福岡の0.51％が最低、鹿児島の2.24％が最高で、1％以

表VI-2　47都道府県の60〜64歳階級人口の純移動率

都道府県	2010年の60〜64歳人口(人)	2005〜2010年の60〜64歳純移動数(人)	2005〜2010年の60〜64歳純移動率(%)	(参考)1995〜2000年の60〜64歳純移動率(%)
北海道	464,335	2,492	0.54	0.49
青森	113,482	52	0.05	0.27
岩手	103,946	644	0.62	0.75
宮城	174,337	653	0.38	0.85
秋田	92,699	544	0.59	0.58
山形	91,243	296	0.32	0.62
福島	154,187	1,251	0.81	1.28
茨城	239,613	1,560	0.65	1.61
栃木	161,285	991	0.62	1.32
群馬	164,074	850	0.52	1.17
埼玉	580,218	-2,363	-0.41	0.10
千葉	505,318	273	0.05	0.28
東京	905,914	-17,123	-1.87	-2.53
神奈川	667,808	-6,909	-1.03	-1.28
新潟	192,747	1,107	0.58	0.54
富山	96,680	519	0.54	0.65
石川	99,103	186	0.19	0.45
福井	63,753	253	0.40	0.43
山梨	65,744	1,078	1.65	1.33
長野	167,533	2,228	1.34	1.64
岐阜	168,983	237	0.14	0.40
静岡	301,583	1,572	0.52	0.56
愛知	551,237	-2,725	-0.49	-0.51
三重	145,669	733	0.50	1.31
滋賀	104,967	797	0.76	1.80
京都	216,319	-276	-0.13	-0.13
大阪	706,948	-7,882	-1.11	-2.28
兵庫	450,224	-90	-0.02	0.13
奈良	118,159	-502	-0.43	0.71
和歌山	83,821	471	0.56	1.05
鳥取	47,101	509	1.09	1.60
島根	60,417	1,144	1.91	1.61
岡山	156,250	1,210	0.78	0.93
広島	232,762	-295	-0.13	-0.16
山口	128,844	1,638	1.28	1.15
徳島	67,016	428	0.64	0.88
香川	86,206	509	0.59	0.73
愛媛	121,104	1,125	0.93	1.04
高知	66,677	715	1.08	1.60
福岡	400,516	2,027	0.51	0.70
佐賀	64,932	684	1.06	0.93
長崎	114,474	825	0.72	0.79
熊本	139,058	1,796	1.30	1.67
大分	99,054	1,665	1.70	1.73
宮崎	91,634	1,240	1.36	1.81
鹿児島	128,322	2,847	2.24	1.45
沖縄	80,953	1,016	1.26	0.43

(資料:『国勢調査』)

上の転入超過率を示すケースが多い。この西高東低のパターンはいかに説明できるであろうか。これについては、西日本の諸県ではUターン以外の要因、具体的には、温暖な気候や、地元自治体の積極的な移住支援策の後押しを受けた、引退者のIターンによる流入が目立っている、と考えたい。つまり、地方圏のうち、東日本の北海道・東北・北陸の道府県ではUターンによる流入が中心であるのに対し、西日本の中国・四国・九州・沖縄の県ではUターンの他にIターンによる流入が加わるために、純移動率が高くなると推察される。別言すれば、引退を契機とするIターンは主に西日本に向かっており、東日本では乏しいように思われる。この推察の妥当性は、市町村別の考察を通じ、検討したい。

なお、表VI-2には、2000年国勢調査に基づいた1995～2000年の期間の都道府県別純移動率も示している。これを2005～2010年の純移動率と比較すると、この10年間に、東京・神奈川・大阪の負の純移動率が小さくなり、地方圏の県では正の純移動率が低下しているケースが多い。これは、表VI-1で観察された60～64歳階級の移動効果指数の低下とあわせ考えると、2005～2010年の期間に三大都市圏から地方圏への引退移動がやや縮小した可能性をうかがわせる。この年齢階級に関する限り、2005～2010年のほうがその10年前よりも、団塊の世代を含んでいるためコーホート規模が大きい。にもかかわらず、純移動率が縮小した確たる理由は不明である。現段階での暫定的な説明としては、2008年から始まった経済不況の影響による引退移動の弱まりを指摘しておきたい。

なお、田原・岩垂(1999: 32)の第5表によると、1990年国勢調査データでは、60歳代の都道府県別純移動率が、前述した地方圏36道県のうち26県でプラスの値を示している。本章との関連で興味深い知見であり、付言しておく。

5　市町村別の検討

次に、市町村別の純移動スケジュールを検討したい。2010年国勢調査の時点で市町村は1,728ある。なお、同調査では、市町村別の移動データは5歳階級別に表章されているため、スケジュールは5歳階級単位で描いた。

まず、例示として、5％以上の比較的高い純移動率を持つ6つの自治体、すなわち、北海道鹿部町(60～64歳人口の純移動率12.13％)、千葉県いすみ市

(6.54％)、山梨県北杜市(12.82％)、和歌山県古座川町(9.56％)、山口県周防大島町(9.25％)、鹿児島県霧島市(5.43％)の3市3町の純移動スケジュールを図Ⅵ-10～図Ⅵ-15に掲げる。これらの市町のいずれでも、20～24歳では大幅な転出超過がみられるものの、いすみ市・北杜市・古座川町では、30代で低い水準ながら、転入超過が観察されている。本章の焦点である60～64歳人口に関してはこれらの市町で顕著な転入超過となっており、引退年齢での高まりがはっきりと観察される。つまり、引退移動者の流入を確認できる事例である。

さて、筆者は全国の1,728市町村すべての純移動率のスケジュールを作成したが、それらすべてを示すことはできないので、図Ⅵ-16に60～64歳人口の純移動率を地図として掲げた。それによると、北海道を除く地方圏の過半の自治体がプラスの純移動率を示し、三大都市圏を出発地、地方圏を到着地とする引退移動の広汎な流れがあることがわかる。図Ⅵ-16では、プラスの純移動率を、～0.0％、0.0～2.5％、2.5～5.0％、5.0～7.5％、7.5％～、の5つの階級に分けて表示しているが、この階級区分に基づくと、一応の目安としては、5％以上の純移動率を示す市町村が、国内引退移動の有力な目的地となっていると見なせよう。

こうした有力な目的地となっている市町村の具体的なリストとして、2010年国勢調査時の人口が3,000人以上の自治体に関し、60～64歳階級の純移動率の上位50市町村を表Ⅵ-3に掲げた。人口規模によって制限をかけるこの措置は、3,000人未満の自治体では、60～64歳の人口や転入や転出の数自体が少ないため、きわめて高い純移動率が出るのを避けるためである。

さて、図Ⅵ-16および表Ⅵ-3からは、多くの注目すべき知見が得られる。まず、引退移動の際の移動距離の長短に関してである。表Ⅵ-3に登場する60～64歳人口の純移動率の上位50市町村の純移動数を、県内移動と県間移動のどちらが優勢かを示したのが表Ⅵ-4である。これによって、当該市町村の引退者の転入超過が、県内からの比較的短距離の移動と他県からの比較的長距離の移動のいずれが多いのか、を知ることが可能になる。同表に含まれる中部の9自治体のうち7自治体は、新潟県湯沢町、山梨県北杜市、長野県軽井沢町・原村、静岡県熱海市・伊東市・南伊豆町であり、後述する「関東環状別荘帯」に該当する自治体にあたり、東京との結びつきの強い引退移動の目的地とみなせる。

5 市町村別の検討

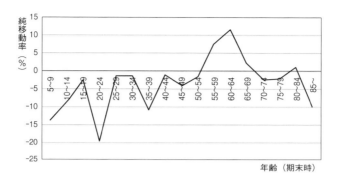

図Ⅵ-10 北海道鹿部町の純移動スケジュール

（資料：『国勢調査』）

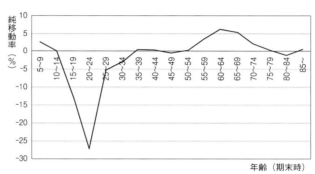

図Ⅵ-11 千葉県いすみ市の純移動スケジュール

（資料：『国勢調査』）

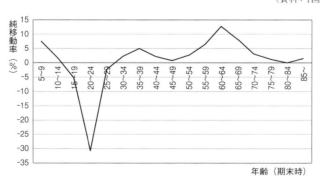

図Ⅵ-12 山梨県北杜市の純移動スケジュール

（資料：『国勢調査』）

136　　第Ⅵ章　日本の国内引退移動再考

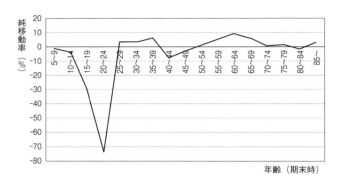

図Ⅵ-13　和歌山県古座川町の純移動スケジュール

(資料:『国勢調査』)

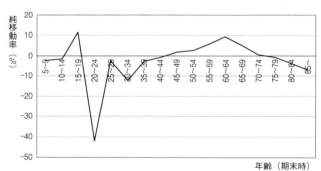

図Ⅵ-14　山口県周防大島町の純移動スケジュール

(資料:『国勢調査』)

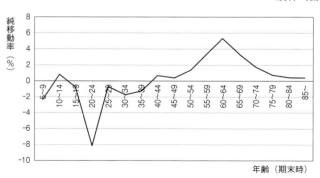

図Ⅵ-15　鹿児島県霧島市の純移動スケジュール

(資料:『国勢調査』)

5　市町村別の検討

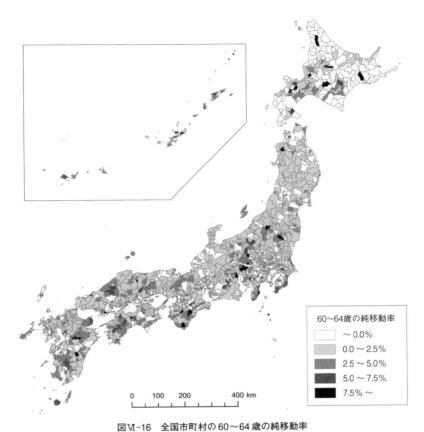

図Ⅵ-16　全国市町村の60〜64歳の純移動率

（資料：『国勢調査』）

　全体的にみると、北海道、四国、沖縄では道内あるいは県内からの比較的短距離の引退移動、それ以外の地方では、県外からの比較的長距離の引退移動がまさっている。

　さらに、図Ⅵ-16において、純移動率が5％を超えるような高い水準の転入超過を示す自治体が、東北から北陸にかけてはほとんど見当たらないことに注意する必要がある。興味深いことに、こうした高い移動率を示す自治体が分布するのは、次の3つの地域であり、これは引退移動の目的地に関する3類型とみなすこともできよう。

表Ⅵ-3 60〜64歳人口の純移動率の上位50市町村

順位	都道府県	市町村	2010年の人口(人)	2010年の60〜64歳人口(人)	2005〜2010年の60〜64歳純移動数(人)	同左 県内	同左 県間	2005〜2010年の60〜64歳純移動率(%)
1	千葉	御宿町	7,738	883	152	34	118	18.84
2	北海道	月形町	4,859	405	59	-1	60	15.71
3	熊本	西原村	6,792	544	67	47	20	13.12
4	長野	原村	7,573	669	82	6	76	13.06
5	山梨	北杜市	46,968	4,498	542	26	516	12.82
6	北海道	京極町	3,811	334	40	30	10	12.74
7	栃木	那須町	26,765	2,582	308	-4	312	12.69
8	北海道	鹿部町	4,767	507	58	5	53	12.13
9	熊本	南阿蘇村	11,972	1,057	117	47	70	11.72
10	沖縄	大宜味村	3,221	261	27	21	6	10.91
11	長野	軽井沢町	19,018	1,663	166	-15	181	10.51
12	北海道	ニセコ町	4,823	385	38	14	24	10.38
13	北海道	東川町	7,859	749	70	50	20	9.80
14	和歌山	古座川町	3,103	307	28	2	26	9.56
15	山口	周防大島町	19,084	1,878	166	24	142	9.25
16	沖縄	今帰仁村	9,257	640	55	16	39	8.98
17	静岡	伊東市	71,437	7,258	621	23	598	8.94
18	静岡	熱海市	39,611	4,181	349	4	345	8.71
19	沖縄	本部町	13,870	977	78	21	57	8.32
20	鹿児島	喜界町	8,169	645	50	2	48	8.06
21	熊本	高森町	6,716	574	42	10	32	7.59
22	北海道	東神楽町	9,292	684	50	49	1	7.59
23	島根	邑南町	11,959	1,080	78	18	60	7.49
24	北海道	七飯町	28,463	2,558	184	152	32	7.46
25	神奈川	清川村	3,459	367	26	19	7	7.34
26	静岡	南伊豆町	9,516	1,075	76	27	49	7.33
27	山口	阿武町	3,743	373	26	6	20	7.22
28	鹿児島	龍郷町	6,078	418	29	8	21	7.19
29	愛知	設楽町	5,769	506	34	31	3	6.95
30	高知	仁淀川町	6,500	543	36	19	17	6.86
31	新潟	湯沢町	8,396	711	47	2	45	6.84
32	群馬	嬬恋村	10,183	817	54	3	51	6.84
33	沖縄	中城村	17,680	942	62	51	11	6.81
34	沖縄	竹富町	3,859	214	14	10	4	6.76
35	三重	朝日町	9,626	555	36	23	13	6.70
36	沖縄	恩納村	10,144	621	40	8	32	6.66
37	岡山	吉備中央町	13,033	1,120	72	46	26	6.64
38	徳島	東みよし町	15,044	1,277	81	58	23	6.55
39	千葉	いすみ市	40,962	3,854	244	32	212	6.54
40	埼玉	滑川町	17,323	1,323	83	50	33	6.48
41	鹿児島	屋久島町	13,589	1,138	71	-20	91	6.44
42	茨城	鹿嶋市	66,093	6,077	373	9	364	6.33
43	千葉	長生村	14,752	1,375	84	33	51	6.30
44	和歌山	日高町	7,432	581	35	12	23	6.21
45	千葉	大網白里町	50,113	4,471	266	74	192	6.13
46	高知	梼原町	3,984	341	20	5	15	6.04
47	鹿児島	天城町	6,653	431	25	0	25	5.97
48	熊本	津奈木町	5,062	363	21	4	17	5.96
49	大分	日出町	28,221	2,282	132	48	84	5.96
50	神奈川	湯河原町	26,848	2,511	143	64	79	5.86

(資料:『国勢調査』)

5　市町村別の検討　　　139

表Ⅵ-4　純移動率上位50市町村の県内・県間移動別の比重

	上位50位に 含まれる市町村数	県内移動 中心	県間移動 中心
北海道	7	4	3
東北	0	0	0
関東	10	2	8
中部	9	2	7
近畿	2	0	2
中国	4	1	3
四国	3	2	1
九州	9	1	8
沖縄	6	4	2
計	50	16	34

注）表中の中部は、新潟・富山・石川・福井・山梨・長野・岐阜・静岡・愛知・三重の10県をさす。

（資料：『国勢調査』）

　第1に、表Ⅵ-3に北海道で登場するのは、月形町（15.71％）、京極町（12.74％）、鹿部町（12.13％）、ニセコ町（10.38％）、東川町（9.80％）、東神楽町（7.59％）、七飯町（7.46％）の7町である。これらの自治体は、互いに隣接し集中するのではなく、道内に分散している。北海道では冬期の気候が厳しいため、定年退職を機に生活しやすい札幌市に移動する人が多いと思われる。図Ⅵ-16によると、道内でマイナスの純移動率を持つ自治体が多数見られるのは、その証拠と言えよう。なお、札幌市には道内出身者で定年退職後に出身の道内他市町村へ転出する人も一定数いるためか、同市の純移動率は特に高いという訳ではなく、1.48％にとどまっている。前述した7自治体が高いプラスの純移動率を示す理由は、多様である。鹿部町は道内屈指の別荘地の存在、七飯町と東神楽町・東川町はそれぞれ函館市と旭川市からの郊外化が考えられる。一方、京極町とニセコ町はリゾートの存在が関係していよう。月形町は、60～64歳人口のみならず、20代から60代にかけての年齢で顕著な転入超過を示しているが、これは同町にある刑務所の存在による所が大きいだろう。

　第2に、表Ⅵ-3には、東京からおおよそ1～2時間圏の円周上に位置する自治体を時計回り方向に挙げると、神奈川県湯河原町（5.86％）、静岡県熱海市（8.71％）・伊東市（8.94％）・南伊豆町（7.33％）、山梨県北杜市（12.82％）、長野県原村（13.06％）・軽井沢町（10.51％）、群馬県嬬恋村（6.84％）、新潟県湯沢町（6.84％）、

栃木県那須町(12.69％)、茨城県鹿嶋市(6.33％)、千葉県大網白里町(6.13％)・長生村(6.30％)・いすみ市(6.54％)・御宿町(18.84％)などが、登場している。こうした自治体の多くには、戦前から開発された別荘が見られ、一部は著名な別荘地として知名度が高い(安島・十代田 1991)。東京を中心に環状に分布しているこれらの別荘地群を、宍戸(1987: 251)は「関東環状別荘帯」と呼んでいるが、関東や中部で顕著な引退移動の目的地の多くは、長らく別荘地として存続してきたことと深く関連していよう。

　第3に、近畿以西の西日本では、純移動率が5％以上の値を持つ多数の自治体が、中山間地域や島嶼部を含む範囲に広く分散している。図Ⅵ-16によれば、紀伊山地、中国山地、四国山地、国東半島、阿蘇山周辺、霧島山周辺に、5％を上回る純移動率を示す自治体が少なくない。表Ⅵ-3に登場する自治体では、和歌山県古座川町(9.56％)、島根県邑南町(7.49％)、岡山県吉備中央町(6.64％)、徳島県東みよし町(6.55％)、高知県仁淀川町(6.86％)・檮原町(6.04％)、熊本県西原村(13.12％)・南阿蘇村(11.72％)・高森町(7.59％)、大分県日出町(5.96％)、山口県阿武町(7.22％)、が該当している。一方、島嶼部に位置する自治体としては、山口県周防大島町(9.25％)、鹿児島県屋久島町(6.44％)・喜界町(8.06％)・龍郷町(7.19％)、沖縄県竹富島(6.76％)などが含まれるし、沖縄本島の自治体としては、大宜味村(10.91％)、今帰仁村(8.98％)、本部村(8.32％)、中城村(6.81％)、恩納村(6.66％)がある。

　図Ⅵ-16や表Ⅵ-3を踏まえると、引退移動の有力な目的地として以上のような3つの類型を指摘できる。このうち、第3の類型に該当する自治体には、例えば、鹿児島県の霧島市や屋久島町のように別荘地を有する事例がない訳ではないが、そうした自治体は数少ない。つまり、西日本に見られる第3の類型は、関東・中部に見られる第2の類型とは、基本的性格が異なっていると考えざるを得ない。

　この第3類型が引退移動の有力な目的地となっているのは、前節の都道府県別考察の箇所で述べた、近畿以西においては引退者のIターン移動が多いという推察に、おそらく密接に関係していよう。その具体的な経緯や理由については、次節の聞き取り調査の箇所で述べたい。重要なのは、西日本において引退移動者の流入が、「田園回帰」(小田切 2014; 小田切ほか 2015)の一翼を担ってい

ると推察される点である。この「田園回帰」は、2014年から急速に高まった地方消滅論(増田 2014)で注目された東京一極集中への対抗軸として期待される現象である。わが国では、全国的な都市システムという観点からみると、都市圏規模と人口増加率が正の相関を示す都市化の状態が長く続き、負の相関を示す逆都市化が見られたことはなかった(山神 2003)。しかし、人口減少時代を迎え、地域格差の拡大を抑えるために、東京一極集中を是正し地方創生をめざすならば、人口再分布という観点からは、逆都市化をめざす方策の追求が必要となる。本章の立場から言うと、特に西日本の中山間地域や島嶼部への引退者の流入がこの動向の一端を担っている、とみなせよう。

6 聞き取り調査の結果

前節における市町村別の分析を通じ明らかになった、引退者の転入が顕著な自治体では、具体的にどのような状況が見られるのであろうか。この点を明らかにすべく、以下の自治体および関係組織に対し、一連の聞き取り調査を行った。調査は 2014年8月から2015年5月にかけて実施し、1つの自治体あるいは組織あたり、1時間程度の聞き取り調査を行った。

1) 北海道伊達市役所企画財政部企画課
2) 北海道七飯町役場総務部政策推進課
3) 北海道鹿部町役場企画振興課
4) 栃木県那須町役場企画財政課
5) 千葉県いすみ市役所企画政策課
6) 山梨県北杜市役所企画部企画課、総務部地域課、産業観光部観光・商工課
7) 静岡県伊東市役所企画部市長公室課
8) 和歌山県古座川町役場産業振興課
9) 山口県周防大島町役場総務部政策企画課
10) 大分県国東市役所政策企画課
11) 鹿児島県霧島市役所企画部共生協働推進課
12) 鹿児島県屋久島町、屋久島パイン株式会社屋久島支店
13) 沖縄県石垣市役所企画部企画政策課

14）沖縄県那覇市、マンパワーグループ株式会社エクスペリス事業本部ソ
　リューション沖縄支店

　なお、ここには、自治体以外に2つの調査先も含まれている。屋久島パイン
株式会社は、同島において引退移動者を含む転入者への不動産販売に実績が
あり、これが同島への引退者の引きつけに重要な貢献をしている（屋久島パイ
ン株式会社 2015）。また、那覇市のマンパワーグループ社は本来人材派遣を主
とする民間会社である。現在、全国の多くの自治体で、移住支援策による移住
者の呼び込みが活発であるが、沖縄は移動目的地として人気が高く、自治体が
こうした施策を採用することはほとんどない。こうした事情を勘案し、マンパ
ワーグループ社沖縄支店には、沖縄の移動者全般に関する聞き取りのため調査
にうかがった。なお、上記の調査先のうち、周防大島町については藻谷浩介・
NHK広島取材班（2013: 155-175）、屋久島町については竹下（2006）、石垣市につ
いては石川（2009）、といった既往研究があり、参考になる。

　さて、聞き取り調査の質問項目は多岐にわたったが、以下では、引退移動の
経緯や理由、引退移動者の満足度、移動形態（2地域居住か永住移動か）、地元
自治体の引退者の流入に関する評価、の4点に限定して、調査結果を紹介した
い。

　第1に、上述した自治体が引退移動の目的地と選ばれた経緯や理由に関して、
である。この点についての回答は多様で、以前旅行したことがあって好印象を
持った、移動候補地として訪問し気に入った、などが多く挙げられる。引退移
動をする前に別荘がある場合には、その別荘にひかれて定年後に移動した、と
いう事例も多い。自治体からの回答を整理すると、気候が温暖なこと、自然環
境が優れ風光明媚なこと、温泉があること、別荘が存在すること、空港や高速
道路が近く交通アクセスがいいこと、移動者への支援策が充実していること、
などが、引退移動者を吸引する条件となっている。最初の3条件はアメニティ
が優れていること、と言い換えることもできよう。冬期に積雪の多い所は避
けられる傾向にある。なお、引退移動は定年退職を契機とする移動であり、U
ターンとIターンに二分できると考えられるが、上述した条件は、特にIター
ンに該当していよう。ただし、三大都市圏に居住して定年退職時まで自宅を持
てなくて、地方圏の出身地にUターンすることを考えた人の中で、出身地の実

家に既に自分の親族が住んでいて、帰還が実現しなかった人は、気候が温暖で生活費が安い土地に、やむなくIターン者として引退移動をしたという事例もあるように思われる。

　第2に、引退移動者の満足度に関して述べたい。この調査では、引退移動者自身への聞き取りではなく、主に自治体職員への聞き取りを行った。引退移動者の満足度が高ければ移動先での居住が継続するはずであり、不満が大きければ転出者が多くなる。つまり、移動先での引退移動者の居住が継続しているなら、彼らの満足度は高い、とみなして差し支えないであろう。調査の結果、移動者の居住は概して長く継続する傾向にあることがわかった。転出は、配偶者の一方の死亡や、健康を損ね高度医療施設への入院など、やむない理由がある場合に限られている。なお、転出にまで至らないが、日常生活に必要な買い物をする商業施設が少ないあるいは遠い場合には、不満となることが多い。さらに、中山間地域に位置する自治体においては、転入した引退者の生活では自家用車の利用が不可欠であるが、体調が万全ではなくなることの多い後期高齢者からは、生活が困難となって居住の継続が厳しくなるので、前住地への帰還を引退者にすすめる、という声も聞かれた。

　第3に、引退者の移動が2地域居住か永住移動か、に関してである。一般的に言うと、別荘地を抱える自治体への転入者は、経済状態が良好で2地域居住をしている事例が多いが、そうでない人は永住移動する事例が多い。永住移動者は、アパート（公営住宅を含む）や一戸建て（空き家を含む）の賃貸に住むことが多い。当然ながら、永住移動者のほうが移動先の自治体に住み続ける可能性が高い。なお、別荘は転入者が引退移動を行う際に新しく入手することもあるが、親が既に持っていた別荘を譲り受けたり、以前から所有していた別荘に、定年退職とともに移り住むという事例もある。永住移動者と比較すると、別荘族を中心とする2地域居住者は、2010年国勢調査の際、移動先の別荘のある住所を現住地と回答する人が少ないと考えられる。そのため、本章でデータソースとして利用した国勢調査による分析では、2地域居住者としての引退移動者が過小に特定されている公算が高く、実際にはもっと数が多いと推察される。彼らは、加齢により体調が悪化すると、前住地に戻る可能性が高い。

　第4に、引退移動者の流入に関する地元自治体の評価に関して、である。ま

ず、プラスの評価としては、転入という形の人口増による活性化、人口減少の緩和への貢献、地方交付税交付金の増加、日常生活における消費活動により地元にお金が落ちること、退職前の職業（専門）を生かした地元への貢献、などが挙げられることが多かった。マイナスの評価としては、高齢化率の上昇や加齢に伴う医療費や介護費の負担増への懸念の声が多く聞かれた。人口減少の深刻な地方圏の自治体にとって、人口減を緩和してくれる引退移動者の流入は、地方交付税交付金の増額という形で重要な貢献をしてくれるが、この効果への期待は、一般的に言って必ずしも大きくない。引退移動者は高齢者の予備軍であり、彼らの流入は交付金の増加をあっさり打ち消しかねないような、加齢に伴う医療・介護関連の社会保障給付の増加が心配されるからである。このため、筆者は、引退移動者の転入に対する自治体の評価は、歓迎するという姿勢ももちろんあるが、どちらかと言えば、今後の社会給付の負担増に戦々恐々としている、との全体的な印象を持った。

7　小　　括

　既存研究によると、従来、日本では定年退職を契機とする引退移動は一般的には見られない、と考えられてきた。2010年国勢調査データから2005～2010年の期間における全国の移動率を検討すると、引退直後の年齢での高まりが確認されず、引退移動は依然一般的ではない、という見方をせざるを得ない。しかし、都道府県別あるいは市町村別に作成した純移動スケジュールや、引退移動を含むと考えられる60～64歳人口の純移動率を分析すると、この年齢階級では、三大都市圏から地方圏へ広範な移動が進展していることを確認できる。そして、一部の、しかし少なからぬ地方圏の自治体が引退移動の有力な目的地となっている。

　都道府県別の分析から、60～64歳人口の純移動率は西高東低のパターンとなっていることが判明した。その原因として、引退移動をUターンとIターンに分けて考えると、北海道・東北・北陸の東日本ではUターンを中心としている一方、中国・四国以西の西日本ではUターンとIターンの双方が見られることが推察された。また、市町村別の考察からは、引退移動の有力な目的地とし

て、北海道の一部の自治体、東京周辺の「関東環状別荘帯」、西日本の中山間地域や島嶼部、という3つの地域類型が見られることがわかった。引退移動者を吸引する条件としては、気候が温暖なこと、自然環境が優れ風光明媚なこと、温泉があること、別荘が存在すること、空港や高速道路が近く交通アクセスがいいこと、移住者の支援策が充実していること、などが重要である。こうした知見は、わが国の国内引退移動が「田園回帰」の一翼を担うとともに、東京一極集中を緩和する役割を果たしていることを示唆している。

次に、本章の課題として、以下の2点を挙げておきたい。第1に、本章は、引退移動の概要の解明に主眼を置いており、引退移動者自身の満足度についての確認をしていない。とはいえ、60～64歳の純移動率が高い自治体での聞き取りによると、彼らは移動先で居住を継続している人が多く、満足度は概して高いと推察される。第2に、本章で確認された引退移動は、2005～2010年の期間を対象とした2010年国勢調査を主たるデータソースとしているが、類似の動きがもっと早くから見られていた可能性がある。わが国において引退移動がいつ頃から見られ始めるのかの詳しい考察は、今後の課題としたい。

最後に、本章の政策的含意についても言及したい。周知のように、2015年6月4日に、日本創成会議東京圏問題検討分科会(2015)が、高齢者の地方移住を促す提言を公表した。さらに、政府のまち・ひと・しごと創生本部の中で、この実現をめざす日本版CCRCの検討が始まっている(日本版CCRC構想有識者会議2015)。筆者は、この政策に基本的に賛成であるが、次の3点を指摘したい。

第1に、本章で主な対象とした60～64歳人口は、正確には高齢者の範疇には含まれないが、彼らは高齢者の予備軍であり、彼らの移動は前期高齢者の移動と連続する性格を持っている。そのため、高齢者の地方移住政策は、定年退職者、さらに60歳に達していない早期退職者も、視野に含めるべきである。さらに、地方圏の大多数の県が、Uターンという形の引退移動の目的地となっていると推察されるので、地方移住政策の奏効をめざすなら、Uターン者の呼び寄せに積極的な眼を向ける必要があろう。創生本部の地方移住策は、長距離移動としては、どちらかと言えばIターン移動者を念頭に置いているように感じられるが、そうだとすれば、政策の効果は限定的とならざるを得ないと思われる。

第2に、日本創成会議やまち・ひと・しごと創生本部による高齢者の地方移住の政策は、人の流れに関する既存の実態についての丁寧な理解を踏まえずに立案されている。本章の知見と平井（2007, 2014）の知見を結びつけると、60〜74歳の年齢階級の人口に関する限り、三大都市圏から地方圏への移動が2000年以前から、政策的支援を受けた動向というよりは、むしろ自然な流れとして、つまり自発的な移動として、存在していたのである。この実態を念頭に置くと、高齢者の地方移住を促す政策としては、今後新しく高齢者の移住を政策的に発生させるというよりは、既に見られているこの階級の地方圏への移動を強化・後押しする、という見地に立つのが賢明と思われる。

第3に、引退者の流入の多い地方圏の自治体では、今後増えるであろう、彼らの加齢に伴う医療や介護に関する社会保証給付の負担増大を懸念する声が強いし、同様の指摘は他にも見られる（例えば、鈴木 2015）。住民の高齢化は、地方圏の多くの自治体ではピークを既に過ぎており、今後は三大都市圏（とりわけ東京圏）で顕著になっていく（井上 2014）。地方圏への高齢者の移住が進むと、地方圏でこうした給付が増大していく公算が大である。そのため、日本創成会議の前述の提言は、地方圏の自治体に不利で、東京圏の自治体に有利に作用する可能性が大きいように思われる。人口減の深刻な地方圏へ高齢者を誘導するという政策自体は、間違っていないと考えられるので、高齢者の加齢に伴う社会給付の負担増を地方圏に一方的に押しつけるのではなく、彼らを送り出す東京圏の側の負担とのバランスを考慮する新しい政策の導入が検討される必要があろう。

文　　献

明石純一編（2011a）『移住労働と世界的経済危機』明石書店.

明石純一（2011b）受け入れの是非論とその展開，安里和晃編『労働鎖国ニッポンの崩壊——人口減少社会の担い手はだれか——』ダイヤモンド社，66-81.

明石純一（2012）日本の「移民政策」の変遷における 2009 年入管法改正，法律時報，**84**（12）: 10-15.

明石純一（2013）現代日本における入国管理政策の課題と展望，吉原和男編『現代における人の国際移動——アジアの中の日本——』慶應義塾大学出版，63-83.

明石純一（2017a）海外から働き手をいかに招き入れるか——日本の現状と課題——，日本政策金融公庫論集，**34**: 87-107.

明石純一（2017b）安倍政権の外国人政策，大原社会問題研究所雑誌，**700**: 12-19.

安里和晃編（2011a）『労働鎖国ニッポンの崩壊——人口減少社会の担い手はだれか——』ダイヤモンド社.

安里和晃（2011b）多様な人材の包摂とグローバルなアプローチ，安里和晃編『労働鎖国ニッポンの崩壊——人口減少社会の担い手はだれか——』ダイヤモンド社，333-342.

朝日新聞（2009）残るも苦難 帰るも苦難 帰国しても就職難，朝日新聞 2009 年 3 月 23 日記事.

朝日新聞（2017）学んだ技術 母国渡らず，朝日新聞 2017 年 11 月 21 日記事.

石井由香（1995）国際結婚の現状——日本でよりよく生きるために——，駒井洋編『講座 外国人定住問題 第 2 巻 定住化する外国人』明石書店，73-102.

石井和平（2007）日本人の IRM 行動——退職者移住とロングステイ・ビジネスの勃興——，社会情報，**16**: 67-71.

石川雄一（2009）I ターン者が急増する南国の島——石垣島（沖縄県）——，平岡昭利編『離島に吹くあたらしい風』海青社，98-111.

石川義孝編（2001）『人口移動転換の研究』京都大学学術出版会.

石川義孝（2003）わが国農村部における男子人口の結婚難，石原潤編『農村空間の研究（下）』大明堂，289-305.

石川義孝（2004）国内・国際人口移動論，杉浦芳夫編『空間の経済地理』朝倉書店，128-151.

石川義孝編（2007）『人口減少と地域——地理学的アプローチ——』京都大学学術出版会.

石川義孝編 (2011)『地図でみる日本の外国人』ナカニシヤ出版.

石川義孝・竹下修子・花岡和聖 (2014) 2005〜2010 年における新規流入移動と国内移動からみた外国人の目的地選択, 京都大学文学部研究紀要, **53**: 293-318.

石川義孝・竹下修子・リャウ カオ リー・花岡和聖 (2018) 戦略としての国境を越えた結婚——在米外国生まれの妻と夫の年齢差に基づく検討——, 京都大学文学部研究紀要, **57**: 135-154.

石川義孝・リャウ カオ リー (2007) わが国在住外国人による都道府県間移動からみた目的地選択, 石川義孝編『人口減少と地域——地理学的アプローチ——』京都大学学術出版会, 227-259.

石田洋司 (2007)『ありのままの国際結婚——ある国際結婚業者のつぶやき——』文芸社.

板本洋子 (2005)『追って追われて結婚探し』新日本出版社.

稲葉奈々子・樋口直人 (2010)『日系人労働者は非正規就労からいかにして脱出できるのか——その条件と帰結に関する研究——』全国勤労者福祉・共済振興協会.

井上孝 (2014) 首都圏における高齢化の進展, 井上孝編『首都圏の高齢化』原書房, 1-27.

江崎雄治 (2011) 大都市圏の人口地理, 石川義孝・井上孝・田原裕子編『地域と人口からみる日本の姿』古今書院, 91-98.

榎本行雄編 (2004)『詳解 国際結婚の手引き(第2版)』明石書店.

大友篤 (1996)『日本の人口移動——戦後における人口の地域分布変動と地域間移動——』大蔵省印刷局.

大西隆 (2004)『逆都市化時代——人口減少期のまちづくり——』学芸出版社.

小笠原節夫 (1999)『人口地理学入門』大明堂.

小澤裕子・白河桃子 (2004)『「運命のヒト」は海の向こうにいた——幸せをつかむ国際結婚のススメ——』日経BP出版センター.

小田切徳美 (2014)『農山村は消滅しない』岩波新書.

小田切徳美・藤山浩・石橋良治・土屋紀子 (2015)『はじまった田園回帰——現場からの報告——』農山漁村文化協会.

落合恵美子 (2007) グローバル化する家族——台湾の外国人家事労働者と外国人妻——, 紀平英作編『グローバル化時代の人文学——対話と寛容の知を求めて——1 共生への問い』京都大学学術出版会, 93-126.

落合恵美子・リャウ カオ リー・石川義孝 (2007) 日本への外国人流入からみた国際移動の女性化——国際結婚を中心に——, 石川義孝編『人口減少と地域——地理学的アプローチ——』京都大学学術出版会, 291-319.

小田隆史 (2013) 三・一一複合災害における避難の地理空間——「フィールド」体験

の実践の記録からみた避難，移動，学校——，史林，**96**：167-207.

小野真由美（2007）ロングステイツーリズム——第2の人生は海外で——，山下晋司編『観光文化学』新曜社，145-150.

小野真由美（2012）日本人高齢者のケアを求めた国際移動——マレーシアにおける国際退職移住とメディカルツーリズムの動向から——，アジア太平洋討究，**18**：253-267.

小畑郁（2012）入管法2009年改正と日本移民政策の「転換」——特集の趣旨説明に代えて——，法律時報，**84**（12）：4-9.

カースルズ，S・ミラー，M. J.著，関根政美・関根薫訳（1996）『国際移民の時代』名古屋大学出版会．

外務省（2011）中国人個人観光ビザ発給要件緩和，http://www.mofa.go.jp/mofaj/press/release/23/8/0810_01.html（最終閲覧日2017年9月13日）.

加賀美雅弘（2015）皇妃が愛した宮殿 ラクセンブルク，浮田典良・加賀美雅弘・藤塚吉浩・呉羽正昭『オーストリアの風景』ナカニシヤ出版，62-63.

郝洪芳（2014）見合い結婚から恋愛結婚へ——日中国際結婚が示唆する現実——，園田茂人編『日中関係史1972-2012 4 民間』東京大学出版会，181-204.

梶田孝道・丹野清人・樋口直人（2005）『顔の見えない定住化——日系ブラジル人と国家・市場・移民ネットワーク——』名古屋大学出版会．

神谷浩夫（2011）性比，石川義孝編『地図でみる日本の外国人』ナカニシヤ出版，8-9.

嘉本伊都子（2001）『国際結婚の誕生——「文明国日本」への道——』新曜社．

河内優子（2002）少子・高齢化と国際人口移動——「補充移民」をめぐっての一考察——，九州国際大学経営経済論集，**9**（2）：1-23.

上林千恵子（2015）『外国人労働者受け入れと日本社会——技能実習制度の展開とジレンマ——』東京大学出版会．

河原雅子（2010）タイ・チェンマイにおける日本人ロングステイヤーの適応戦略と現地社会の対応，年報タイ研究，**10**：35-55.

河邉宏・井上孝（1991）人口移動モデル，河邉宏編『発展途上国の人口移動』アジア経済研究所，139-170.

川村千鶴子（2004）多文化共生社会への提言——多文化共生庁の創設——，環境創造，**6**：29-43.

北脇保之編（2011）『「開かれた日本」の構想——移民受け入れと社会統合——』ココ出版．

岐阜県国際課（2009）多文化共生施策の推進について——岐阜県在住日系ブラジル人離職者帰国支援融資（第2次募集）——，平成21年9月4日 岐阜県政記者クラ

ブ配布資料，1-4.

行政書士入管手続研究会（2017）これからの外国人受け入れ政策及び入国管理制度等に関する第1次提言，http://www.gnk.sakura.ne.jp/_userdata/20170902 proposal.pdf（最終閲覧日 2017 年 9 月 15 日）.

久保智祥・石川義孝（2004）「楽園」を求めて──日本人の国際引退移動──，人文地理，**56**: 296-309.

桑原靖夫編（2001）『グローバル時代の外国人労働者── どこから来てどこへ──』東洋経済新報社.

桑山紀彦（1995）『国際結婚とストレス──アジアからの花嫁と変容するニッポンの家族──』明石書店.

経済同友会（2016）若者に魅力ある仕事を地方で創出するために──"志あるものが動けるメカニズム"を創ろう──，http://www.doyukai.or.jp/policyproposals/articles/2015/pdf/160322c.pdf（最終閲覧日 2017 年 8 月 25 日）.

公益財団法人地球環境戦略研究機関（2015）国際応用システム分析研究所（IIASA）日本委員会，http://www.iges.or.jp/jp/network/iiasa.html（最終閲覧日 2015 年 11 月 28 日）.

公益財団法人日本国際交流センター・フリードリヒ・エーベルト財団東京事務所（2017）『人口動態の変化とグローバルな人の移動── 求められる政策的対応とは？──』公益財団法人日本国際交流センター.

厚生労働省（2009a）日系人離職者に対する帰国支援事業の実施について，http://www.mhlw.go.jp/houdou/2009/03/h0331-10.html（最終閲覧日 2017 年 9 月 13 日）.

厚生労働省（2009b）日系人就労準備研修事業を開始します，http://www.mhlw.go.jp/houdou/2009/04/h0428-2.html（最終閲覧日 2017 年 9 月 13 日）.

厚生労働省（2010a）日系人帰国支援事業の実施結果，http://www.mhlw.go.jp/bunya/koyou/gaikokujin15/kikoku_shien.html（最終閲覧日 2017 年 9 月 13 日）.

厚生労働省（2010b）日系人就労準備研修事業の概要，http://www.mhlw.go.jp/stf/houdou/2r9852000000hmll-img/2r9852000000hmtx.pdf（最終閲覧日 2017 年 9 月 13 日）.

厚生労働省（2015）平成 20 年高年齢者雇用実態調査結果の概況，http://www.mhlw.go.jp/toukei/itiran/roudou/koyou/keitai/08/kekka.html（最終閲覧日 2015 年 11 月 30 日）.

国際観光振興機構（2010）『JNTO 国際観光白書 2010 年版──世界と日本の国際観光交流の動向──』国際観光サービスセンター.

国際研修協力機構（2017a）技能実習の職種・作業の範囲について，http://www.

文 献 *151*

jitco.or.jp/system/shokushu-hanni.html（最終閲覧日 2017 年 8 月 25 日）.

国際研修協力機構（2017b）技能実習制度のあらまし（現行制度），http://www.jitco. or.jp/system/seido_enkakuhaikei.html（最終閲覧日 2017 年 8 月 25 日）.

国際研修協力機構（2017 c）技能実習制度の仕組み（新制度の内容を含む），http:// www.jitco.or.jp/system/data/info_kanri_01-2.pdf（最終閲覧日 2017 年 8 月 20 日）.

国際結婚相談所（2009）結婚相談ナビ，http://www.alkjapan.com/kekkon/kokusai. htm（最終閲覧日 2009 年 12 月 7 日）.

国際結婚を考える会編（2005）『国際結婚ハンドブック 第 5 版——外国人と結婚した ら……——』明石書店.

国立社会保障・人口問題研究所（2009）第 13 回出生動向基本調査，http://www. ipss.go.jp/ps-doukou/j/doukou13/doukou13.asp（最終閲覧日 2017 年 9 月 13 日）.

国立社会保障・人口問題研究所（2012）日本の将来推計人口（平成 24 年 1 月推 計）——平成 23（2011）年〜平成 72（2060）年——，http://www.ipss.go.jp/syou-shika/tohkei/newest04/sH2401top.html（最終閲覧日 2014 年 5 月 25 日）.

国立社会保障・人口問題研究所（2013）日本の地域別将来推計人口（平成 25 年 3 月 推計），http://www.ipss.go.jp/pp-shicyoson/j/shicyoson13/t-page.asp（最終閲 覧日 2014 年 5 月 25 日）.

近藤共子（2011）地域人口と国土計画・地域振興，吉田良生・廣嶋清志編『人口減少 時代の地域政策』原書房，171-215.

小島宏（1992）先進諸国における国際移動者と結婚，人口問題研究，**48**(1)：38-48.

斉藤弘子・根本厚美編（1998）『国際結婚 100 家族』明石書店.

賽漢卓娜（2011）『国際移動時代の国際結婚——日本の農村に嫁いだ中国人女性——』 勁草書房.

坂中英徳（2012）『人口崩壊と移民革命——坂中英徳の移民国家宣言——』日本加除 出版.

作野広和（2011）地方圏の人口地理，石川義孝・井上孝・田原裕子編『地域と人口か らみる日本の姿』古今書院，99-106.

櫻井宏二郎・宮本光晴・西岡幸一・田中隆之（2011）『日本経済 未踏域へ——「失われ た 20 年」を超えて——』創成社.

佐竹眞明編（2011）『在日外国人と多文化共生——地域コミュニティの視点から——』 明石書店.

佐竹眞明・メアリー アンジェリン ダアノイ（2006）『フィリピン-日本国際結 婚——移住と多文化共生——』めこん.

佐藤隆夫編（1989）『農村（むら）と国際結婚』日本評論社.

佐藤由利子編（2012）『地域活性化を目指した留学生受入れ・交流・ネットワークの

仕組みづくり──課題解決の取組みと社会的変化の横断的分析──』2010～2012
年度トヨタ財団研究助成報告書.

佐藤由利子・橋本博子（2011）留学生受入れによる地域活性化──自治体と大学の
協働による取組みの横断的分析──，比較教育学研究，**43**: 131-153.

宍戸實（1987）『軽井沢別荘史──避暑地百年の歩み──』住まいの図書館出版局.

自治体国際化協会（2017）JET とは，http://jetprogramme.org/ja/about-jet/（最終
閲覧日 2017 年 8 月 7 日）.

時事通信社編（2015）『全論点 人口急減と自治体消滅』時事通信社.

篠崎美鶴（2007）日本人の国際引退移動──ニュージーランドの事例──，日本
ニュージーランド学会誌，**14**: 75-81.

清水昌人（2017）市区町村における外国人の社会増加と日本人の社会減少，*E-journal GEO*，**12**(1): 85-100.

清水昌人・中川雅貴・小池司朗（2016）市区町村における外国人の転入超過と人口
流出，*E-journal GEO*，**11**(2): 375-389.

鈴木暁子（2011）外国人労働者居住地域がすでに直面している課題と，そこから学
ぶべきこととは，安里和晃編『労働鎖国ニッポンの崩壊──人口減少社会の担
い手はだれか──』ダイヤモンド社，310-332.

鈴木江理子（2011）地域人口構造と外国人──「多文化共生」の可能性──，吉田良
生・廣嶋清志編『人口減少時代の地域政策』原書房，99-128.

鈴木透（1989）結婚難の地域構造，人口問題研究，**45**(3): 14-28.

鈴木亘（2015）地方創生と医療・介護の自治体負担，http://www.spacenira.com/
columns/916.html（最終閲覧日 2015 年 11 月 26 日）.

孫艶・阿部康久（2013）地方都市における中国人元留学生の就業状況と継続意
志──福岡県を事例にして──，華僑華人研究，**10**: 5-21.

第 6 次出入国管理政策懇談会・外国人受入れ制度検討分科会（2013）高度人材に対
するポイント制による出入国管理上の優遇制度の見直しに関する検討結果（報
告），http://www.moj.go.jp/content/000112007.pdf（最終閲覧日 2014 年 5 月 10
日）.

高畑幸（2003）国際結婚と家族──在日フィリピン人による出産と子育ての相互扶
助──，石井由香編『講座グローバル化する日本と移民問題 第Ⅱ期 第 4 巻 移民
の居住と生活』明石書店，255-292.

竹下聡美（2006）屋久島へのⅠターンにおける仲介不動業者の役割，人文地理，**58**:
475-488.

竹下修子（2000）『国際結婚の社会学』学文社.

竹下修子（2004）『国際結婚の諸相』学文社.

文　献　　　　　　153

竹下修子（2017）行政による結婚支援事業の変遷——山形県最上地方の事例から——，愛知学院大学文学部紀要，**46**: 29-35.

武田里子（2011）『ムラの国際結婚再考——結婚移住女性と農村の社会変容——』めこん．

竹本昌史（2016）『地方創生まちづくり大事典——地方の未来，日本の未来——』国書刊行会．

谷川典大（2004）大隅諸島への移住者とコミュニティ——ショート・ライフヒストリーと「語り」——，人文地理，**56**: 393-409.

田原裕子（2007）引退移動の動向と展望——団塊の世代に注目して——，石川義孝編『人口減少と地域——地理学的アプローチ——』京都大学学術出版会，43-67.

田原裕子・岩垂雅子（1999）高齢者はどこへ移動するか——高齢者の居住地移動研究の動向と移動流——，東京大学人文地理学研究，**13**: 1-53.

田原裕子・永田淳嗣・荒井良雄（2000）高齢帰還移動の過程とその影響に関する検討——沖縄県Ｎ部落の事例——，老年社会科学，**22**: 436-448.

田原裕子・平井誠・稲田七海・岩垂雅子・長沼佐枝・西律子・和田康喜（2003）高齢者の地理学——研究動向と今後の課題——，人文地理，**55**: 451-473.

田村太郎（2011）人口変動社会に対応した「国家ビジョン」の必要性，安里和晃編『労働鎖国ニッポンの崩壊——人口減少社会の担い手はだれか——』ダイヤモンド社，288-310.

中日新聞（2009）失職対策でブラジル人帰国支援　岐阜県と東海労金が連携，2009年3月4日の記事．

東京新聞編集局編（1997）『私たち幸せです——国際結婚112話——』東京新聞出版局．

中川聡史（2001）結婚に関わる人口移動と地域人口分布の男女差，人口問題研究，**57**(1): 25-40.

中澤進之右（1996）農村におけるアジア系外国人妻の生活と居住意識——山形県最上地方の中国・台湾，韓国，フィリピン出身者を対象として——，家族社会学研究，**8**: 81-96.

中澤進之右（1999）『農山村の結婚難とアジア系外国人妻』農政調査委員会．

中澤高志（2010）大分県における間接雇用の展開と金融危機に伴う雇用調整の顛末，経済地理学年報，**56**: 136-161.

中澤高志（2012）自治体の緊急相談窓口利用者にみる間接雇用労働者の不安定性——2008年の金融危機に伴う雇用調整の帰結——，人文地理，**64**: 259-277.

日本学術会議地域研究委員会人文・経済地理学分科会・地域情報分科会（2017）人口減少時代を迎えた日本における持続可能で体系的な地方創生のために，

http://www.scj.go.jp/ja/info/kohyo/pdf/kohyo-23-t242-1.pdf（最終閲覧日 2017年 8 月 20 日）．

日本学術会議東日本大震災復興支援委員会福島復興支援分科会（2014）東京電力福島第一原子力発電所事故による長期避難者の暮らしと住まいの再建に関する提言，http://www.scj.go.jp/ja/info/kohyo/pdf/kohyo-22-t140930-1.pdf（最終閲覧日 2017 年 10 月 4 日）．

日本経済新聞（2009a）経済効果 日本も期待，日本経済新聞 2009 年 2 月 18 日記事．

日本経済新聞（2009b）失業日系人に帰国旅費支給，日本経済新聞 2009 年 4 月 1 日記事．

日本経済新聞（2009c）「帰国支援」戸惑う日系人，日本経済新聞 2009 年 5 月 25 日記事．

日本経済新聞（2010a）東京への転入 大幅減，日本経済新聞 2010 年 4 月 29 日記事．

日本政府観光局（2011）JNTO 訪日外客訪問地調査 2010，http://rnavi.ndl.go.jp/mokuji_html/000011190485.html（最終閲覧日 2017 年 9 月 13 日）．

日本政府観光局（2012）訪日外客数・出国日本人数(2011 年 2 月推計値，2010 年 10 月暫定値)，http://www.jnto.go.jp/jpn/downloads/110325_monthly.pdf（最終閲覧日 2017 年 9 月 13 日）．

日本創成会議東京圏問題検討分科会（2015）東京圏高齢化危機回避戦略――一都三県連携し，高齢化問題に対応せよ――，http://www.policycouncil.jp/pdf/prop04/prop04.pdf（2015 年 9 月 4 日閲覧）．

日本版 CCRC 構想有識者会議（2015）「生涯活躍のまち」構想(中間報告)，http://www.kantei.go.jp/jp/singi/sousei/meeting/ccrc/h27-08-25-chukan.pdf（最終閲覧日 2015 年 9 月 7 日）．

入国管理局（2017）組織・機構，http://www.immi-moj.go.jp/soshiki/index.html（最終閲覧日 2017 年 8 月 13 日）．

農林水産省（2015）魅力ある農山漁村づくりに向けて――都市と農山漁村を人々が行き交う「田園回帰」の実現――，http://www.maff.go.jp/j/nousin/nouson/bi21/pdf/nousan_gyoson_sasshi.pdf（最終閲覧日 2017 年 8 月 20 日）．

禾佳典（1997）東京の世界都市化に伴う性別職種分業の変化，人文地理，**49**：481-496．

橋詰直道（2013）超郊外別荘型住宅地における定住化と高齢化の進展――千葉県勝浦市と御宿町内の住宅地の事例――，駒澤地理，**49**：35-62．

橋詰直道（2014）超郊外の別荘型住宅地における定住化と高齢化の進展――栃木県さくら市喜連川の温泉付住宅地の事例――，駒澤地理，**50**：27-53．

花岡和聖・リャウ カオ リー（2015）賃金の規定要因からみた日本生まれの在米日

本人の特徴——アメリカン・コミュニティ・サーベイを用いた分析——，人文地理，**67**: 41-56.

花岡和聖・リャウ カオ リー・竹下修子・石川義孝（2017）アメリカ合衆国で暮らす既婚日本人女性の雇用パターンにみる日本的価値規範——日本でのワーク・ライフ・バランス実現のために——，*E-journal GEO*，**12**(1): 101-115.

濱英彦（1995）東京一極集中と労働力の地域間移動，水野朝夫・小野旭編『労働の供給制約と日本経済』大明堂，151-181.

稗田奈津江・スタパ，S. H・アムザ，N・ターライベク，M.（2011）マレーシアマイセカンドホームプログラム政策の妥当性——日本人セカンドホーマーの視点から——，地域イノベーション，**4**: 35-46.

樋口直人（2010）経済危機と在日ブラジル人——何が大量失業・帰国をもたらしたのか——，大原社会問題研究所雑誌，**622**: 50-66.

日暮高則（1989）『「むら」と「おれ」の国際結婚学』情報企画出版．

ヒューゴ，G.著，中川雅貴・林玲子訳（2014）近年の世界の国際人口移動から見た日本への含意——オーストラリアからの視座——，人口問題研究，**70**: 224-243.

平井誠（2007）高齢者による都道府県間移動の地域性，石川義孝編『人口減少と地域——地理学的アプローチ——』京都大学学術出版会，129-147.

平井誠（2014）高齢人口移動，井上孝・渡辺真知子編『首都圏の高齢化』原書房，53-71.

福本拓・藤本久司・江成幸・長尾直洋（2015）集合的消費の変質に着目した外国人受入れ意識の分析——三重県四日市市の日系ブラジル人集住地区を事例に——，地理学評論，**88**: 341-362.

藤巻秀樹（2012）『「移民列島」ニッポン——多文化共生社会に生きる——』藤原書店．

法務省（2017）永住許可に関するガイドライン（平成29年4月26日改定），http://www.moj.go.jp/nyuukokukanri/kouhou/nyukan_nyukan50.html（最終閲覧日2017年8月5日）．

法務省入国管理局（2016）在留資格一覧表，http://www.immi-moj.go.jp/tetuduki/kanri/qaq5.html（最終閲覧2017年8月6日）．

法務省入国管理局（2017）高度人材ポイント制による出入国管理上の優遇措置，http://www.immi-moj.go.jp/newimmiact_3/pdf/h29_06_leaflet.pdf（最終閲覧日2017年8月20日）．

法務省入国管理局・厚生労働省人材開発統括官（2017）新たな外国人技能実習制度について，http://www.moj.go.jp/content/001225622.pdf（最終閲覧日2017年12月4日）．

増田寛也編（2014）『地方消滅——東京一極集中が招く人口急減——』中公新書．

松下敬一郎（1994）男女比にみる在日外国人と国際結婚，中村尚司・川村能夫編『ア
　　ジアからみるアジアをみる──外国人労働者と海外投資──』阿吽社，170-189.
松谷明彦（2004）『「人口減少経済」の新しい公式──「縮む世界」の発想とシステム
　　──』日本経済新聞社.
松村迪雄（2002）人口の概念と観察方法，日本人口学会編『人口大事典』培風館，
　　397-401.
丸山洋平・大江守之（2008）潜在的他出者仮説の再検討──地域的差異とコーホー
　　ト間差異に着目して──，人口学研究，**42**: 1-19.
三浦秀之（2013）外国人高度人材の日本への移動をめぐる一考察，杏林社会科学研
　　究，**29**(1): 51-76.
三菱UFJリサーチ＆コンサルティング（2013）基礎自治体の外国人政策に関するア
　　ンケート調査，http://www.murc.jp/publicity/press_release/press_130521.pdf
　　（最終閲覧日2017年8月27日）.
光岡浩二（1989）『日本農村の結婚問題』時潮社.
光岡浩二（1996）『農村家族の結婚難と高齢者問題』ミネルヴァ書房.
毛受敏浩（2011）『人口激減──移民は日本に必要である──』新潮新書.
毛受敏浩編（2016）『自治体がひらく日本の移民政策──人口減少時代の多文化共生
　　への挑戦──』明石書店.
毛受敏浩（2017）『限界国家──人口減少で日本が迫られる最終選択──』朝日新書.
藻谷浩介・NHK広島取材班（2013）『里山資本主義──日本経済は「安心の原理」で
　　動く──』角川書店.
森川洋（2015）『「平成の大合併」研究』古今書院.
矢ケ﨑典隆（2010）書籍の出版動向からみた現代日本の国際結婚，東京学芸大学紀
　　要人文社会科学系II，**61**: 79-101.
屋久島パイン株式会社（2015）屋久島不動産・田舎暮らし・移住のポータルサイト，
　　https://www.yakushimapain.co.jp/newpain/（最終閲覧日2015年11月29日）.
安島博幸・十代田朗（1991）『日本別荘史ノート──リゾートの原型──』星雲社.
安冨成良，スタウト・梅津和子（2005）『アメリカに渡った戦争花嫁──日米国際結
　　婚パイオニアの記録──』明石書店.
柳下真知子（2001）「補充移民」の発想と含意，人口学研究，**29**: 53-56.
山神達也（2003）都市圏の人口規模からみた人口分布の変動過程，人口学研究，**33**:
　　73-83.
山下清海編（2008）『エスニック・ワールド──世界と日本のエスニック社会──』明
　　石書店.
山脇啓造（2002）多文化共生社会の形成に向けて，明治大学社会科学研究所ディス

カッション・ペーパー・シリーズ，J-2002-5：1-16.

吉田良生・河野稠果編（2006）『国際人口移動の新時代』原書房．

読売新聞（2009）帰国支援日系人の再入国 3 年後メドで……"追放"誤解避け，読売新聞 2009 年 5 月 12 日記事．

リャウ カオ リー著，中村尚弘・石川義孝訳（2005）高齢者の移動に関する主要な理論的見解，石川義孝編『アジア太平洋地域の人口移動』明石書店，57-95.

リャウ カオ リー・石川義孝（2007）日本への流入外国人による目的地選択，石川義孝編『人口減少と地域―― 地理学的アプローチ――』京都大学学術出版会，261-289.

Abe, R.（2009）Gendered labor migration from the Philippines to Japan: Mapping "Philippine pub space" into the Japanese context, *Geographical Review of Japan*, **81**: 68-78.

Abella, M. and Ducanes, G.（2009）The effect of the global economic crisis on Asian migrant workers and governments' responses, International Labour Office Regional Office. http://www.unitar.org/ny/sites/unitar.org.ny/files/Abella%20and%20Ducanes%20Economic%20Crisis%20and%20Labour%20Migration%20in%20Asia.pdf（Last accessed September 13, 2017）.

Avila Tapies, R.（2008）Building friendship networks and intercultural spaces: The case of Japanese women in Spain, *Migracijske i Etničke Teme*(*Migration and Ethnic Themes*), **24**: 341-352.

Baglay, S.（2012）Provincial Nomination Programs: A note on policy implications and future research needs, *Journal of International Migration and Integration*, **13**: 121-141.

Barriga, W.（2013）Migration trends in the contemporary world: An overview, *Imin Seisaku Kenkyu*(*Migration Policy Review*), **5**: 150-171.

Bauzon, L. E.（1999）Filipino-Japanese marriage, *Philippine Studies*, **47**: 206-223.

Benediktsson, K.（2011）Iceland: Crisis and regional development −Thanks for all the fish? *European Urban and Regional Studies*, **18**: 228-235.

Breuer, T.（2005）Retirement migration or rather second-home tourism?: German senior citizens on the Canary Islands, *Die Erde*, **136**: 313-333.

Carter, T.（2009）*An evaluation of the Manitoba Provincial Nominee Program, prepared for Manitoba Labour and Immigration, Immigration Division*.

Carter, T., Morrish, M. and Amoyaw, B.（2008）Attracting immigrants to smaller urban and rural communities: Lessons learned from the Manitoba Provincial Nominee Program, *Journal of International Migration and Integration*, **9**:

161-183.

Casado-Díaz, M. A., Kaiser, C. and Warnes, A. M. (2004) Northern European retired residents in nine southern European areas: Characteristics, motivations and adjustment, *Ageing and Society*, **24**: 353-381.

Castles, S. and Miller, M. J. (1998) *The age of migration: International population movements in the modern world* (second edition), Guilford Press.

Castles, S. and Miller, M. (2003) *The age of migration* (third edition), Guilford Press.

Castles, S. and Miller, M. J. (2010) Migration and the global economies: One year on, http://www.age-of-migration.com/na/financialcrisis/updates/migration_crisis_april2010.pdf (Last accessed September 13, 2017).

Castles, S. and Vezzoli, S. (2009) The global economic crisis and migration: Temporary interruption or structural change? *Paradigmes*, **2**: 68-75.

Chan, K. W. (2010) The global financial crisis and migrant workers in China: 'There is no future as a labourer; Returning to the village has no meaning', *International Journal of Urban and Regional Research*, **34**: 659-677.

Citizenship and Immigration Canada (2001) *Towards a more balanced geographic distribution of immigrants*, http://publications.gc.ca/collections/Collection/Ci51-109-2002E.pdf (Last accessed May 26, 2014).

Collantes, F., Pinilla, V., Saez, L. A. and Silvestre, J. (2014) Reducing depopulation in rural Spain: The impact of immigration, *Population, Space and Place*, **20**: 606-621.

Connell, J. (2015) "Obituary" Graeme John Hugo, 1946-2015, *Australian Geographer*, **46**(2): 271-279.

Coulmas, F. and Lützeler, R. eds. (2011) *Imploding populations in Japan and Germany*. Brill.

Davin, D. (2007) Marriage migration in China and East Asia, *Journal of Contemporary China*, **16**: 83-95.

Domínguez-Mujica, J., Guerra-Talavera, R. and Parreño-Castellano, J. M. (2012) Migration at a time of global economic crisis: The situation in Spain, *International Migration*, **52**(6): 113-127.

Fielding, T. (2010) Migration in a time of crisis: A simple conceptual framework applied to East Asian migrations, Sussex Centre for Migration Research, University of Sussex, Working Paper 63, http://www.sussex.ac.uk/migration/documents/mwp63.pdf (Last accessed September 13, 2017).

文　　献　　*159*

Hanaoka, K., Ishikawa, Y. and Takeshita, S. (2017) Have destination choices of foreign residents contributed to reducing regional population disparity in Japan?: Analysis based on the 2010 population census microdata, *Population, Space and Place*, **23**.

Hanaoka, K. and Takeshita, S. (2015) Fertility outcomes and the demographic and socioeconomic backgrounds of three types of couples: cross-border, immigrant and native-born married couples, Ishikawa, Y. ed., *International migrants in Japan: Contributions in an era of population decline*, Kyoto University Press and Trans Pacific Press, 44–73.

Hugo, G. (1996) Asia on the move: Research challenges for population geography, *International Journal of Population Geography*, **2**: 95–118.

Hugo, G. (2008a) Immigrant settlement outside of Australia's capital cities, *Population, Space and Place*, **14**: 553–571.

Hugo, G. (2008b) Australia's State-specific and Regional Migration Scheme: An assessment of its impacts in South Australia, *Journal of International Migration and Integration*, **9**: 125–145.

Hugo, G. and Morén-Alegret, R. (2008) International migration to non-metropolitan areas of high income countries: Editorial introduction, *Population, Space and Place*, **14**: 473–477.

Immigration Canada Services (2017) Job opportunity for low skilled workers in Canada, http://www.immigrationcanadaservices.com/job-opportunity-for-low-skilled-workers-in-canada/ (Last accessed September 19, 2017).

Ishikawa, Y. (2003) Why has immigration to Japan continued throughout recession?: The case of Brazilians, Ishikawa, I. and Montanari, A. eds., *The new geography of human mobility: Inequality trends?* Società Geografica Italiana, 21–35.

Ishikawa, Y. (2011) Recent in-migration to peripheral regions of Japan in the context of incipient national population decline, Coulmas, F. and Lützeler, R. eds., *Imploding populations in Japan and Germany*, Brill, 420–442.

Ishikawa, Y. (2012) Displaced human mobility due to March 11 disaster, The 2011 East Japan Earthquake Bulletin of the Tohoku Geographical Association, http://tohokugeo.jp/disaster/articles/e-contents29.pdf (Last accessed September 19, 2017).

Ishikawa, Y. ed. (2015) *International migrants in Japan: Contribution in an era of population decline*, Kyoto University Press and Trans Pacific Press.

Ishikawa, Y. and Fielding, A. J. (1998) Explaining the recent migration trends of the Tokyo Metropolitan Area, *Environment and Planning A*, **30**: 1797-1814.

Ishikawa, Y. and Liaw, K.-L. (2009) The 1995-2000 interprefectural migration of foreign residents of Japan: Salient features and multivariate explanation, *Population, Space and Place*, **15**: 401-428.

Ishikawa, Y. and Montanari, A. eds. (2003) *The new geography of human mobility: Inequality trends?* Società Geografica Italiana.

Kamiya, H. (2015) Local municipal measures to support marriage migrants in Japan, Ishikawa, Y. ed., *International migrants in Japan: Contributions in an era of population decline*, Kyoto University Press and Trans Pacific Press, 256-274.

Kamiya, H, and Lee, C.-W. (2009) International marriage migrants to rural areas in South Korea and Japan: A comparative analysis, *Geographical Review of Japan*, **81**: 60-67.

King, R., Warnes, T. and Williams, A. (2000) *Sunset lives: British retirement migration to the Mediterranean*, Berg.

Korekawa, Y. (2015) Immigrant occupational attainment in Japan, Ishikawa, Y. ed., *International migrants in Japan: Contributions in an era of population decline*, Kyoto University Press and Trans Pacific Press, 3-22.

Lewis, M. N. (2010) A decade later: Assessing successes and challenges in Manitoba's Provincial Immigrant Nominee Program, *Canadian Public Policy*, **36**: 241-264.

Liaw, K.-L. (2003) Distinctive features in the sex ratio of Japan's interprefectural migrants: An explanation based on the family system and spatial economy of Japan, *International Journal of Population Geography*, **9**: 199-214.

Liaw, K.-L. and Frey, W. H. (2007) Multivariate explanation of the 1985-1990 and 1995-2000 destination choices of newly arrived immigrants in the United States: The beginning of a new trend? *Population, Space and Place*, **13**: 377-399.

Liaw, K.-L. and Ishikawa, Y. (2008) Destination choice of the 1995-2000 immigrants to Japan: Salient features and multivariate explanation, *Environment and Planning A*, **40**: 806-830.

Liaw, K.-L. and Ishikawa, Y. (2011) Characteristics of Japan-born Japanese in the United States: Students, non-students, and recent brides of non-Japan-born American citizens, *Jimbun-chiri*(*Japanese Journal of Human Geography*), **63**:

483-506.

Liaw, K.-L., Ochiai, E. and Ishikawa, Y. (2010) Feminization of immigration in Japan: Marital and job opportunities, Yang, W.-S. and Lu, M.C.-W. eds., *Asian cross-border marriage migration: Demographic patterns and social issues*, Amsterdam University Press, 49-86.

Lin, G. and Ma, Z. (2008) Examining cross-border marriages in Hong Kong since its return to China in 1997, *Population, Space and Place*, **14**: 407-418.

Lu, M. C.-W. (2005) Commercially arranged marriage migration: Case studies of cross-border marriages in Taiwan, *Indian Journal of Gender Studies*, **12**: 275-303.

Martin, P. (2009) Recession and migration: A new era for labor migration, *International Migration Review*, **43**: 671-691.

Miyoshi, H. and Nakata, Y. eds. (2011) *Have Japanese firms changed?: The lost decade*, Palgrave Macmillan.

Montanari, A. (2010) Urban tourism in the context of the global economic crisis: The example of the city of Rome, *Rivista di Scienze del Tourismo*, 2/2010: 381-399.

Nakamatsu, T. (2003) International marriage through introduction agencies: Social and legal realities of "Asian" wives of Japanese men, Piper, N. and Roces, M. eds., *Wife or worker?: Asian women and migration*, Rowman & Littlefield, 181-201.

Nanjo, Z., Kawashima, T. and Kuroda, T. (1982) *Migration and settlement: 13. Japan*, RR-82-5, International Institute for Applied Systems Analysis.

Nobukuni, M. (1982) Rural-urban-migration and business cycle, *Chiikigaku Kenkyu (Studies in Regional Science)*, **13**: 141-151.

OECD (2005) *Trends in international migration: Annual report 2004 edition*, OECD.

OECD (2009) *International migration outlook, SOPEMI 2009, special focus: Managing labour migration beyond the crisis*, OECD Publishing.

OECD (2010) *International migration outlook, SOPEMI 2010*, OECD Publishing.

OECD (2013) *International migration outlook 2013*, OECD iLibrary.

Parrado, E. A. and Kandel, W. (2008) New Hispanic migrant destinations: A tale of two industries, Massey, D. S. ed., *New faces in new places: The changing geography of American immigration*, Russell Sage Foundation, 99-123.

Piper, N. (1997) International marriage in Japan: 'Race' and 'gender' perspectives,

Gender, Place and Culture, **4**: 321–338.

Piper, N. (1999) Labor migration, trafficking and international marriage: Female cross-border movements into Japan, *Asian Journal of Women's Studies*, **5**(2): 69–99.

Piper, N. (2000) Dynamics of interethnic marriages: The case of Korean–Japanese couples, *Bulletin of the Faculty of Sociology* (Kansai University, Osaka, Japan), **31**: 175–195.

Piper, N. (2003) Wife or worker? worker or wife?: Marriage and cross-border migration in contemporary Japan, *International Journal of Population Geography*, **9**: 457–469.

Piper, N, and Roces, M. eds. (2003) *Wife or worker?: Asian women and migration*, Rowman & Littlefield.

Rogers, A. and Castro, L. J. (1986) Migration, Rogers, A. and Willekens, F. J. eds., *Migration and settlement: A multiregional comparative study*, D. Reidel, 157–208.

Rogers, A. and Willekens, F. J. eds. (1986) *Migration and settlement: A multiregional comparative study*, D. Reidel.

Sellek, Y. (2001) *Migrant labour in Japan*, Palgrave.

Skeldon, R. (2006) Interlinkages between internal and international migration and development in the Asian region, *Population, Space and Place*, **12**: 15–30.

Stillwell, J., and Hussain, S., (2010) Ethnic internal migration in England and Wales: Spatial analysis using a district classification framework, Stillwell, J. and van Ham, M. eds., *Ethnicity and integration: Understanding population trends and processes: Volume 3*, Springer, 105–132.

Suzuki, N. (2000) Between two shores: Transnational projects and Filipina wives in/from Japan, *Women's Studies International Forum*, **23**: 431–444.

Takenoshita, H. (2017) The impact of the recent economic crisis on unemployment among immigrants in Japan, *Journal of International Migration and Integration*, **18**: 563–585.

Takeshita, S. (2008) Muslim families comprising Pakistani fathers and Japanese mothers: Focusing on the educational problems of their children, *HAWWA: Journal of Women of the Middle East and the Islamic World*, **6**: 202–224.

Takeshita, S. (2010) The passing CCKs in Japan: Analysis on families of cross-border marriages between Japanese and Brazilian, *Journal of Comparative Family Studies*, **41**: 369–387.

Takeshita, S. (2016) Intermarriage and Japanese identity, Healy, E. and Aranacha-lam, D. eds., *Creating social cohesion in an interdependent world: The experiences of Australia and Japan*, Palgrave Macmillan, 175–187.

Taylor, A. J., Bell, L. and Gerritsen, R. (2014) Benefits of skilled migration programs for regional Australia: Perspectives from the Northern Territory, *Journal of Economic and Social Policy*, **16**: 1–23.

Tsay, C. L. (2004) Marriage migration of women from China and Southeast Asia to Taiwan, Jones, G. and Ramdas, K. eds., *(Un) tying the knot: Ideal and reality in Asian marriage*, National University of Singapore Press, 173–191.

United Nations (2001) *Replacement migration: Is it a solution to declining and ageing populations?* United Nations.

Vogt. G, and Roberts, G. S. eds. (2011) *Migration and integration: Japan in comparative perspective*. Iudicium.

Wang, M. (2010) Impact of the global economic crisis on China's migrant workers: A survey of 2,700 in 2009, *Eurasian Geography and Economics*, **51**: 218–235.

Wang, H. Z. and Chang, S. M. (2002) The commodification of international marriages: Cross-border marriage business in Taiwan and Viet Nam, *International Migration*, **40**(6): 93–116.

Weidinger, T. and Kordel, S. (2015) German spa towns as retirement destinations: How (pre)retirees negotiate relocation and locals assess in-migration, *Two Homelands*, **42**: 37–53.

Williams, A. M. and Hall, C. M. (2000) Tourism and migration: New relationships between production and consumption. *Tourism Geographies*, **2**: 5–27.

Wright, R. A., Ellis, M. and Reibel, M. (1997) The linkage between immigration and internal migration in large metropolitan areas in the United States, *Economic Geography*, **73**: 234–254.

Wulff, M. and Dharmalingam, A. (2008) Retaining skilled migrants in regional Australia: The role of social connectedness, *Journal of International Migration and Integration*, **9**: 147–160.

Wulff, M., Carter, T., Vineberg, R. and Ward, S. (2008) Attracting new arrivals to smaller cities and rural communities: Findings from Australia, Canada and New Zealand, *Journal of International Migration and Integration*, **9**: 119–124.

Yang, W. S. and Lu, M. C.-W. eds. (2010) *Asian cross-border marriage migration: Demographic patterns and social issues*, Amsterdam University Press.

Yano, K., Nakaya, T., Fotheringham, A. S., Openshaw, S. and Ishikawa, Y. (2003)

A comparison of migration behaviour in Japan and Britain using spatial inter-action models, *Population, Space and Place*, **9**: 419–431.

Yano, K., Nakaya, T. and Ishikawa, Y. (2000) An analysis of inter-municipal migra-tion flows in Japan using GIS and spatial interaction modeling, *Geographical Review of Japan*, **73B**: 165–177.

Yoshikawa, H. (2008) *Japan's lost decade*, The International House of Japan.

Zwiers, M., Bolt, G., Van Ham, M. and Van Kempen, R. (2016) The global financial crisis and neighborhood decline, *Urban Geography*, **37**: 664–684.

あ と が き

　本書は、1995年4月から23年間勤めた京都大学文学研究科を2018年3月に
定年退職することを機に、過去約10年間に発表した論文の一部に若干編集を
加えて収録するとともに、一部に今回書き下ろした新稿を採録したものである。
　各章の初出箇所は以下のとおりである。

第Ⅰ章：石川義孝（2007）現代日本における性比不均衡と国際結婚，紀平英
　　　作編『グローバル化時代の人文学 —— 対話と寛容の知を求めて —— 下 共生
　　　への問い』京都大学学術出版会，127-145.

第Ⅱ章：Ishikawa, Y.（2010）Role of matchmaking agencies for international
　　　marriage in contemporary Japan, *Geographical Review of Japan Series B*,
　　　83: 1-14.

第Ⅲ章：Ishikawa, Y.（2011）Impact of the economic crisis on human mobility
　　　in Japan: a preliminary note, *Belgian Journal of Geography*, 2011: 129-147.

第Ⅳ章1・2・3・5・6節・第Ⅴ章1・2節：石川義孝（2014）日本の国際人口移
　　　動 —— 人口減少問題の解決策となりうるか？ ——，人口問題研究，**70**: 244-
　　　263.

第Ⅵ章：石川義孝（2016）日本の国内引退移動再考，京都大學文學部研究紀
　　　要，**55**: 135-166.

　これら6篇のうち、第Ⅲ章の論文は、世界経済危機の傷跡がまだ生々しかっ
た2010年7月10〜11日に、IGU（国際地理学連合）の「グローバル変化と人口
流動」委員会が、この危機の影響を多面的に検討するために、イスラエルのハ
イファで開いた研究集会での筆者の報告を骨子としている。

　また、第Ⅳ章と第Ⅴ章の基となった「人口問題研究」に掲載された論文は、
2013年10月31日に東京の女性就業センターにおいて、国立社会保障・人口問
題研究所が主催した厚生政策セミナー「国際人口移動の新たな局面〜「日本モ
デル」の構築に向けて」で行った基調講演に基づいている。なお、第Ⅳ章4節

「外国人の新規流入の動向」は、石川義孝・竹下修子・花岡和聖（2014）2005～2010年における新規流入移動と国内移動からみた外国人の目的地選択，京都大學文學部研究紀要，53: 295-303、に基づいている。この箇所を本書に含むことを快諾された共著者の竹下先生・花岡先生にお礼申しあげたい。

さらに、第Ⅴ章3節「日本の地方圏への外国人の政策的誘導」は、本書のために書き下ろした新稿であり、2015～2017年度日本学術振興会科学研究費挑戦的萌芽研究「人口減少国日本の地方圏への外国人誘導政策の実行可能性に関する試験的研究」（代表者：石川義孝、課題番号：15K12951）による研究成果の報告を兼ねている。

私が海外の一部の国における移民の地方圏誘導政策の存在について知ったのは、上述した厚生政策セミナーの際、私と同じく基調講演者であったオーストラリアのアデレード大学のグレアム・ヒューゴ（Graeme Hugo）教授から受けたご教示であった。これをきっかけに、オーストラリアやカナダにおいて導入されていた移民の地方圏誘導政策に関する文献のレビューを行い、それを念頭に置いて類似の政策の日本への導入の可能性を検討することになった。その意味で、ヒューゴ教授に深く感謝している。同教授は世界的に著名な人口地理学者であったが、大変残念なことに2015年1月20日に逝去された（Connell 2015）。

この挑戦的萌芽研究に関わる調査に際しては、オーストラリアでは、サウスオーストラリア州政府のRebecca Greenfield氏とMichael Hugo氏，移民・国境警備局（Department of Immigration and Border Protection）のLynn Rackley氏をはじめとする職員の方々、カナダでは、オンタリオ工科大学のSasha Baglay准教授，マニトバ州政府のBenjamin Amoyaw氏とFanny Levy氏，カナダ移民・難民・市民権局（Immigration, Refugees and Citizenship Canada）のMary Davidson氏とRita Kloosterman氏、日本では、日本国際交流センターの毛受敏浩氏、高知県庁の上野央裕氏をはじめとする職員の方々、村井豊氏をはじめとする行政書士入管手続研究会の方々、に大変お世話になった。調査にご協力いただいたこれらの方々に、感謝申し上げたい。ただし、オーストラリアとカナダの誘導政策に関して収集した多くの資料や文献を、時間不足のために、十分に使い切っていないのが、心残りである。

本書は、第Ⅰ章から第Ⅴ章までは主に国際人口移動を、第Ⅵ章では国内移動

を扱っている。回顧すると、私は世紀の変わり目までは国内移動に、その後は国際移動に主な関心があった。世界的にみると、1990年代以降はグローバル化の進展によって、世界的な人の空間的流動が活発になっている。日本はこのころから国際人口移動の有力な目的地となったので、私の上記のような関心の推移は、現実世界の動向とある程度軌を一にしている。しかし、特に日本にとって留意すべきは、少子高齢化が深刻化し、いまや先進諸国の中では屈指の厳しい人口減少に直面していることである。そのため、わが国への外国人の流入に関しては、国連が提起した補充移民という視座が不可欠であるという思いを、私は近年強くしている。こうした思いから、本書において国際移動の比重が大きくなっているとご理解いただければ幸いである。

　なお、最後の第Ⅵ章で国内移動としての定年退職を契機とする移動を取り上げていることに、第Ⅴ章以前の5論文とはやや異質に感じられるかもしれない。第Ⅵ章の初出論文は、私の定年が近づいたためにこのテーマへの関心が大きくなったので書いた、という訳ではない。引退移動の有無の検証が、日本の人口地理学の長年にわたる重要な研究テーマの一つであったし、近年大きな注目を集めている地方圏の疲弊を緩和し、地方創生に貢献する可能性のある移動流として重要な意義を有しているために、本書に所収することにした次第である。

　本書に採録した6論文は、初出時期に差があり、全体的なまとまりをよくするために、大幅な補筆や書き直しをするのが望ましかった。しかし、本書の準備に向けることができた時間に制約があったことと、初出論文が持っている発表当初の雰囲気を大きく変えることに躊躇を覚えたために、各論文、とりわけ、刊行時期が相対的に早かった第Ⅰ章〜第Ⅲ章の論文には最低限の編集を行ったに過ぎないことをお断りしたい。

　本書における図表の用意や文献情報の確認に際しては、京都大学文学研究科修士課程の院生の粉川春幸君にお手伝いいただいた。また、本書の刊行に際しては、海青社の宮内久社長と田村由記子氏に大変お世話になった。この場を借りて、感謝を申しあげたい。

2018年1月20日

著　者

索　引

ア　行

Iターン移動　120, 140, 145
空き家　115, 143
後継ぎ男性　12, 27, 36, 38
後労働力成分　124, 125
アメニティ　142

一般職業紹介状況　50
移民産業　28
移民政策　93, 99

永住移動　142, 143
永住許可　84-86, 110, 111
永住資格　99, 116, 118
永住者（在留資格）　60, 108
永住申請　109, 111
S尺度　24
円高　56-58

カ　行

外国青年招致事業　100, 107
関東環状別荘帯　134, 140, 145
監理団体　107

企業単独型　107
企業内転勤　53
帰国支援プログラム　63, 64
偽装結婚　14, 39-41
技能実習（在留資格）　84, 106-109, 112
逆都市化　141
業者婚　29, 30, 33, 41, 42, 44-46, 82
行政書士入管手続研究会　108-110
居住義務　95, 99, 110, 112, 115, 116

居住義務期間　99, 112
距離減衰傾向　39, 46

「グローバル変化と人口流動」委員会　48
訓練プログラム　64

景気変動　47, 48, 50-52
経済危機　47-61, 63-66, 69, 70, 75
結婚移動　14, 27
結婚難　12, 18, 22, 24, 25, 27, 32, 36-38, 82, 83
研修プログラム　61, 64

郊外化　139
後期高齢者　122, 143
興行（在留資格）　14, 43, 45, 106
厚生労働省　50, 61-64
高度人材　68, 84, 86-88, 111
高度専門職（在留資格）　85, 106
ゴールデン・ルート　56
国際応用システム分析研究所（IIASA）123, 125
国際結婚　11-30, 33, 35-38, 40-46
国際人口移動　27, 28, 47, 67-71, 73, 75, 77, 81, 88, 89, 91
国土の均衡ある発展　73, 92
個票データ　12, 68, 75, 76, 88
雇用機会　22, 54, 95, 97, 100

サ　行

在留資格　11, 14, 15, 42-44, 60, 62, 75, 81, 84, 85, 91, 100, 106-113, 117, 118
サウスオーストラリア州（オーストラリア）92-94, 99, 112, 113

残留率　97, 99, 115

失業率　50, 51, 61, 93
実習実施機関　107
社会給付　144, 146
社会的統合政策　89, 117
社会的ネットワーク　28, 70
社会的結びつき　95
社会保障　47, 144
州指名プログラム（PNP）　92, 95-99, 113,
　　115
住宅着工統計　51
州特定地域移動（SSRM）　92-95, 98, 99,
　　113
縮小モデル　125, 126
出生動向基本調査　29
純移動スケジュール　121, 127-131, 133-
　　135, 144
循環移動　88
上陸許可基準　109, 110
人口移動効果指数　121, 131
人口移動スケジュール　123-125
人口移動と定住　123, 125
人口減少　11, 46, 54, 67, 68, 70, 71, 73, 75,
　　81, 82, 87-89, 91, 92, 103, 109, 110,
　　112, 114, 117, 118, 141, 144
人口都心回帰　53
人口流動　47-50, 52, 54, 56, 57, 65, 66
新設住宅着工戸数　51, 52

頭脳流出　88

成婚率　38
脆弱性　49, 61
性比　12, 16, 18, 19, 21, 22, 24, 25, 31, 82
性比不均衡　11, 12, 15, 16, 18-22, 25, 26
世界経済危機　47, 65, 69, 70, 75
世界都市　52, 71, 95

族内婚　82

タ　行

第2の人口転換　67, 95
多文化共生策　116
団塊の世代　121, 131, 133
団体管理型　107

地方消滅論　121, 141
地方創生　91, 108-115, 118
地方入国管理局　113
仲介業者　14, 28-38, 40, 45, 46, 60, 82
中山間地域　82, 83, 140, 141, 143, 145
直系家族　12, 24, 81
直系家族制度　79, 81, 83
賃金格差　70

ツーリズム　49

定住者（在留資格）　15, 60, 84, 93
田園回帰　140, 141, 145

東海労働金庫　62
東京一極集中　92, 100, 141, 145
島嶼部　140, 141, 145
トランスナショナル　27, 88

ナ　行

内婚　16

2地域居住　142, 143
日系ブラジル人　61-63, 65, 75
日本学生支援機構　88
日本語能力試験　86
日本政府観光局　54, 56-58
日本人の配偶者等（在留資格）　11, 42-44,
　　46, 81
日本版CCRC　145
入管法　108
入国管理局　14, 39-41, 43, 44, 113
入国戦略　79, 83

索　引

ハ　行

配偶者ビザ　36, 39
バブル経済の崩壊　47
ハローワーク　115

東日本大震災　49, 66, 70
ビジットジャパンキャンペーン　56

平成の大合併　128
別荘（地）　139, 140, 142, 143, 145

ポイント制度　84, 85
補充移民　67

マ　行

前労働力成分　124
まち・ひと・しごと創生本部　91, 119, 145,
　146
マニトバ州（カナダ）　93, 96, 98, 99, 113,
　115
マニトバ州指名プログラム（MPNP）　96,
　98

見合い結婚　28, 29, 44

目的地選択　12, 54, 75-79, 88, 119
モデル人口移動スケジュール　125

ヤ　行

有効求人倍率　50, 51
Uターン移動　120, 131
誘導政策　91, 92, 98-100, 102, 103, 106,
　112-118
有配偶率　18

ラ　行

留学（在留資格）　16, 18, 43

留学生　86-88, 103

恋愛結婚　28, 29, 41, 42, 45

労働力成分　124, 125
労働力調査　50

●著者紹介

石川義孝（ISHIKAWA Yoshitaka）

京都大学大学院文学研究科 教授

専門分野：人口地理学

略　　歴：1977年9月 京都大学大学院文学研究科博士後期課程中退。1994年5月京都大学博士（文学）。京都大学文学部助手、奈良大学文学部専任講師、大阪市立大学文学部助教授、京都大学文学部助教授を経て、1999年4月から現職。日本学術会議会員。人文地理学会会長。

主な著書・編著：『空間相互モデル──その系譜と体系──』(1988年、地人書房)、『人口移動の計量地理学』(1994年、古今書院)、『アジア太平洋地域の人口移動』(2005年、明石書店)、『人口減少と地域──地理学的アプローチ──』(2007年、京都大学学術出版会、編著)、『地図でみる日本の外国人』(2011年、ナカニシヤ出版、編著)、*International Migrants in Japan: Contributions in an Era of Population Decline*（2015, Kyoto University Press and Trans Pacific Press, ed.）

New Immigration and Japan: Solution to Population Decline

流入外国人と日本
人口減少への処方箋

発　行　日	2018 年 3 月 21 日　初版第 1 刷
定　　　価	カバーに表示してあります
著　　　者	石 川 義 孝
発　行　者	宮 内　　久

海青社　Kaiseisha Press

〒520-0112　大津市日吉台2丁目16-4
Tel. (077) 577-2677　Fax (077) 577-2688
http://www.kaiseisha-press.ne.jp
郵便振替　01090-1-17991

● Copyright © 2018　● ISBN978-4-86099-336-8 C3025　● Printed in JAPAN
● 乱丁落丁はお取り替えいたします

本書のコピー、スキャン、デジタル化等の無断複製は著作権法上での例外を除き禁じられています。本書を代行業者等の第三者に依頼してスキャンやデジタル化することはたとえ個人や家庭内の利用でも著作権法違反です。

◆ 海青社の本・好評発売中 ◆

読みたくなる「地図」西日本編 日本の都市はどう変わったか
平岡昭利 編

明治期と現代の地形図の比較から都市の変貌を読み解く。本書では近畿地方から沖縄まで43都市を対象に、地域に関わりの深い研究者が解説。「考える地理」の基本的な書物として好適。地図の拡大表示が便利なPDF版も発売中。
〔ISBN978-4-86099-314-6/B5判/127頁/本体1,600円〕

読みたくなる「地図」東日本編 日本の都市はどう変わったか
平岡昭利 編

明治期と現代の地形図の比較から都市の変貌を読み解く。北海道から北陸地方まで49都市を対象に、その地に関わりの深い研究者が解説。「考える地理」の基本的な書物として好適。地図の拡大表示が便利なPDF版も発売中。
〔ISBN978-4-86099-313-9/B5判/133頁/本体1,600円〕

近代日本のフードチェーン 海外展開と地理学
荒木一視 著

筆者の標榜する地理学における食料研究をテーマに、第I部では近代日本における「食料の地理学」の系譜を、第II部では世界大戦前までの日本の食料供給におけるフードチェーンの海外展開とその構築を論じた。
〔ISBN978-4-86099-326-9/A5判/230頁/本体3,241円〕

ジオ・パルNEO [第2版] 地理学・地域調査便利帖
野間晴雄ほか5名 共編著

地理学を学ぶすべての人たちに「地理学とは」を端的に伝える「地理学・地域調査便利帖」。ネット化が加速する社会に対応し情報を全面アップデート。2012年の初版から価格据置で改訂増補。巻末には索引も追加しさらに進化。
〔ISBN978-4-86099-315-3/B5判/286頁/本体2,500円〕

クリと日本文明
元木 靖 著

生命の木「クリ」と日本文明との関わりを、古代から現代までの歴史のながれに視野を広げて解き明かす。クリに関する研究をベースに文明史の観点と地理学的な研究方法を組み合わせて、日本の文明史の特色に迫る。
〔ISBN978-4-86099-301-6/A5判/242頁/本体3,500円〕

離島研究 I～V
平岡昭利ほか 編著

島嶼研究に新風を吹き込む論集「離島研究」シリーズ。人口増加を続ける島、豊かな自然を活かした農業、漁業、観光の島、あるいは造船業、採石業の島など多様性をもつ島々の姿を地理学的アプローチにより明らかにする。
〔B5判、I・II:本体2,800円、III・IV:3,500円、V:本体3,700円〕

離島に吹くあたらしい風
平岡昭利 編

離島地域は高齢化率も高く、その比率が50%を超える老人の島も多い。本書はツーリズム、チャレンジ、人口増加、Iターンなど、離島に吹く新しい風にスポットを当て、社会環境の逆風にたちむかう島々の新しい試みを紹介。
〔ISBN978-4-86099-240-8/A5判/111頁/本体1,667円〕

奄美大島の地域性 大学生が見た島／シマの素顔
須山 聡 編著

共同体としての「シマ」のあり方、伝統芸能への取り組み、祭祀や食生活、生活空間の変容、地域の景観、あるいはツーリズムなど、大学生の目を通した多面的なフィールドワークの結果から奄美大島の地域性を描き出す。
〔ISBN978-4-86099-299-6/A5判/359頁/本体3,400円〕

パンタナール 南米大湿原の豊饒と脆弱
丸山浩明 編著

世界自然遺産に登録された世界最大級の熱帯低層湿原、南米パンタナール。その多様な自然環境形成メカニズムを実証的に解明するとともに、近年の経済活動や環境保護政策が生態系や地域社会に及ぼした影響を分析・記録した。
〔ISBN978-4-86099-276-7/A5判/295頁/本体3,800円〕

現代インドにおける地方の発展
岡橋秀典 編著

インドヒマラヤのウッタラーカンド州は、経済自由化後の2000年に設置された。躍進するインド経済の下、国レベルのマクロな議論で捉えられない地方の動きに注目し、その発展メカニズムと問題点を解明する。
〔ISBN978-4-86099-287-3/A5判/300頁/本体3,800円〕

中国変容論 食の基盤と環境
元木 靖 著

都市文明化に向かう現代世界の動向をみすえ、急速な経済成長を遂げる中国社会について、「水」「土地」「食糧」「環境」をキーワードに農業の過去から現在までの流れを地理学的見地から見通し、その変容のイメージを明らかにする。
〔ISBN978-4-86099-295-8/A5判/360頁/本体3,800円〕

＊表示価格は本体価格(税別)です。

◆ 海青社の本・好評発売中 ◆

自然災害地研究 被災地域からのメッセージ
池田 碩 著

日本は「自然災害」多国——大国であり、我々は様々な自然現象やその猛威と共に生活して行かねばならない宿命にある。自然の猛威に対し、我々はどのように準備し、被害を軽減させるべきか。過去の調査をもとに考察する。
〔ISBN978-4-86099-290-3/B5判/238頁/本体3,400円〕

よみがえる神戸 危機と復興契機の地理的不均衡
D.W.エジントン著/香川貴志・久保倫子訳

神戸が歩んだ長期的復興の軌跡を、海外研究者の視点から、詳細なフィールド調査により徹底検証する。阪神・淡路大震災からの復興の過程は、東北地方が歩む東日本大震災からの復興の指針として有効活用できる。
〔ISBN978-4-86099-293-4/A5判/348頁/本体3,600円〕

台風23号災害と水害環境
植村善博 著

2004年10月20日に近畿・四国地方を襲った台風23号の京都府丹後地方における被害状況を記載し、その発生要因と今後の対策について考察。さらに、今後の減災への行動に役立つよう、住民、行政への具体的な提言を示した。
〔ISBN978-4-86099-221-7/B5判/103頁/本体1,886円〕

日本文化の源流を探る
佐々木高明 著

ヒマラヤから日本にいたるアジアを視野に入れた壮大な農耕文化論。『稲作以前』に始まり、焼畑研究、照葉樹林文化研究から、日本の基層文化研究に至る自身の研究史を振り返る。佐々木農耕文化論の金字塔。原著論文・著作目録付。
〔ISBN978-4-86099-282-8/A5判/580頁/本体6,000円〕

地図で読み解く 日本の地域変貌
平岡昭利 編

古い地形図と現在の地形図の「時の断面」を比較することにより、地域がどのように変貌してきたかを視覚的にとらえる。全国で111カ所を選定し、その地域に深くかかわってきた研究者が解説。「考える地理」の基本的な書物として好適。
〔ISBN978-4-86099-241-5/B5判/333頁/本体3,048円〕

日本のため池 防災と環境保全
内田和子 著

阪神大震災は、防災的側面からみたため池研究へのターニングポイントでもあった。また、近年の社会変化は、ため池の環境保全・親水機能に基づく研究の必要性を生んだ。本書はこれらの課題に応える新たなため池研究書である。
〔ISBN978-4-86099-209-5/B5判/270頁/本体4,667円〕

ネイチャー・アンド・ソサエティ研究 第1巻
自然と人間の環境史
宮本真二・野中健一 編

人はどこに住まうか。砂漠、高山、低地、地すべり地帯など土地への適応、自然の改変への適応、災害への対処について、「人間の環境としての自然」に向き合うフィールド科学としての地理学の視点から考える。
〔ISBN978-4-86099-271-2/A5判/396頁/本体3,800円〕

ネイチャー・アンド・ソサエティ研究 第2巻
生き物文化の地理学
池谷和信 編

日本を中心としてアジア、アフリカ、南アメリカなど、世界各地での生き物と人とのかかわり方を、生物、生態、社会、政治経済という4つの地理学的視点から概観し、生き物資源の利用と管理に関する基本原理が何かを問う。
〔ISBN978-4-86099-272-9/A5判/374頁/本体3,800円〕

ネイチャー・アンド・ソサエティ研究 第3巻
身体と生存の文化生態
池口明子・佐藤廉也 編

生物としてのヒトと、文化を持つ人という2つの側面を意識しながら、食や健康、出産や子育て、家族形成といった人の身近な現象の多様性を、アジア・オセアニア、ヨーロッパ、アフリカなど世界各地の事例から考察。
〔ISBN978-4-86099-273-6/A5判/372頁/本体3,800円〕

ネイチャー・アンド・ソサエティ研究 第4巻
資源と生業の地理学
横山 智 編

「生業」をキーに、その背景にある歴史的、空間的、文化的な文脈を考慮しつつ、何が資源と見なされ、だれが資源にアクセスでき、そして資源の価値はいかに変化してきたのか、世界各地の事例から明らかにする。
〔ISBN978-4-86099-274-3/A5判/350頁/本体3,800円〕

ネイチャー・アンド・ソサエティ研究 第5巻
自然の社会地理
淺野敏久・中島弘二 編

「自然」を環境や食も含む広い意味で捉え、強者と弱者が対立するケース、利害関係者が協調して新たな価値を創造するケース等、様々な人と自然の関係を詳細なフィールド調査に基づき明らかにする。
〔ISBN978-4-86099-275-0/A5判/315頁/本体3,800円〕

＊表示価格は本体価格(税別)です。